TÉCNICAS MAESTRAS DE PIANO

Stewart Gordon

TÉCNICAS MAESTRAS DE PIANO

Traducción de Dora Castro

MA
NON
TROPPO

Título original: *Etudes for piano Teachers.*

© Oxford University Press, Inc.

«This translation of *Etudes for piano Teachers* originally published in English in 1995 by Oxford University Press, Inc. is published by arrangement with Oxford University Press, U.S.A.»

© 2016, Redbook Ediciones, s. l., Barcelona.

Diseño de cubierta: Regina Richling.

Ilustración de cubierta: iStockphoto

Diseño interior: Cifra, s.l.

ISBN: 978-84-15256-92-2

Depósito legal: B-3.953-2016

Impreso por Sagrafic, Plaza Urquinaona, 14 7º 3ª, 08010 Barcelona
Impreso en España - *Printed in Spain*

A los nuevos compañeros de David,
a los que aman el piano,
a los que aman enseñar a tocar el piano,
y a los que lucharán para lograr que esta maravillosa tradición de
la interpretación pianística y de su enseñanza siga viva
en el seno de nuestra sociedad.

Índice

Tercera parte. Estudios trascendentales

Prefacio

Entre el otoño de 1973 y principios de 1982, la revista *American Music Teacher* publicó una serie de veintisiete artículos pedagógicos titulada «Los nuevos compañeros de David» (The New Davidities). El título venía inspirado por el simbolismo que Robert Schumann utilizara a principios del siglo diecinueve en el *Neue Zeitschrift für Musik*. Escribí entonces acerca de una amplia variedad de temas. Abarcaban desde mis propias preocupaciones con respecto a la enseñanza, tales como los métodos para la práctica del piano y la memorización, y aspectos de índole general, hasta las orientaciones actuales que la profesión parecía tomar y el tipo de alumnos y de músicos que nuestra sociedad parecía generar.

Esta serie de artículos llegó a su fin al mismo tiempo que terminaba mi trabajo de editor de la sección de piano de la American Music Teacher para iniciar una década en la que mi carrera daría un giro, orientándose hacia la gestión académica.[1] En los

---

1. Stewart Gordon fue vicepresidente de asuntos académicos del Queen College de Nueva York.

años siguientes, muchos maestros profesionales del piano, no sólo señalaron que «Los nuevos compañeros de David» habían sido de ayuda y utilidad, sino también que habían guardado y copiado los artículos para usarlos constantemente y que con frecuencia se los pasaban a sus alumnos. Ese entusiasmo fue la fuerza impulsora para el presente volumen de ensayos.

La mayor parte de «Los nuevos compañeros de David» están incluidos aquí. Los he revisado y puesto al día para que reflejen mis ideas más recientes y en muchos casos he ampliado el texto por razones de claridad e integridad. A los artículos originales, he añadido más de media docena de nuevos ensayos nacidos de mi retorno, en 1987, a mi primer amor. Un retorno al ejercicio de la profesión de músico con dedicación exclusiva, en el que la mayoría de mis actividades estarían centradas en la enseñanza del piano y de las obras para piano, en mi estudio y en las aulas académicas.

Mi propio amor por el arte del piano y por la profesión de maestro de piano ha inspirado la dedicatoria, la única posible para este libro.

Stewart Gordon
Los Ángeles

Primera parte

Estudios fundamentales

Capítulo 1

Modelos
de reconocimiento

Enseñanza e interpretación

Llegar a ser un gran maestro es una importante realización en cualquier campo que abordemos. Es quizá más difícil realizarse en el campo de la música, donde existe una gran dependencia de la tradición no escrita, unas características elusivas de estilo y una serie de conceptos abstractos. La enseñanza del arte de la música debería considerarse, por lo menos, con un rango equivalente al arte de interpretar la música. Incluso podemos argumentar a favor de esta propuesta que la contribución a la sociedad será más duradera si nos dedicamos a una profesión en la que la enseñanza es un componente importante, que en la que se centra sólo en la interpretación.

El hecho es que, además, la mayor parte de los músicos profesionales se involucran plenamente en ambas tareas, tanto en la profesión de maestro, como en la de intérprete. Más del 95 por

ciento de estos profesionales dependerá de la enseñanza como
fuente principal de sus ingresos. Por tanto, no deja de ser un misterio el que, por algún tipo de extraña compulsión, nosotros, profesionales de una disciplina que combina al intérprete y al maestro, persistamos en adherirnos a ciertos conceptos contradictorios. Conceptos que estiman que los intérpretes y los maestros
son músicos que responden a tradiciones separadas, de las que
cada una necesita un programa de preparación diferente. Con
frecuencia, llegamos incluso a clasificar las aptitudes y dotes
hasta un punto tal, que insinuamos la disyuntiva de hacer una
elección entre la disciplina de la enseñanza y la de la interpretación. Además, si los intérpretes de reconocido prestigio se dedican a dar clases, esta actividad se considera como «enseñanza de
interpretación» en oposición a los maestros que se dedicarían a
la «enseñanza de la pedagogía».

Una vez que hemos establecido que la casa está dividida, a
muchos de nosotros nos preocupa el hecho de esa diferencia entre
«intérpretes» y «profesores» o maestros. Los primeros, que por la
naturaleza de su actividad están sujetos a la admiración de un
público, serían ciudadanos de primera clase dentro de nuestra
profesión, mientras que los «profesores» ocuparían un lugar que,
si bien no se menosprecia, por lo menos no goza de gran reconocimiento, soportando una penosa andadura profesional. La convicción constante de la existencia de esta división da lugar a comen-
tarios desestimantes tales como por ejemplo: «si no eres capaz de
ser un buen intérprete, siempre puedes dedicarte a la enseñanza», o «los que pueden, son intérpretes, los que no, enseñan» o,
en un estrato de mayor sutileza: «los que sólo preparan músicos»
implicando una carencia de habilidad para enseñar más allá del
nivel de transmisión de técnicas meramente imitativas.

Como muchos de los prejuicios que han calado hondo en la
gente, estos puntos de vista deben su vitalidad a las medias verdades y a las distorsiones de la realidad. Quienes creen en ellos

pueden, de hecho, probar sus argumentos usando ejemplos concretos. Pero dichos ejemplos suelen estar cargados de exageración y no hacen sino reflejar hechos evidentes. Es obvio que los músicos no estamos igualmente dotados, no podemos experimentar el mismo grado de pasión por todos los aspectos de nuestra profesión y la mayor parte de nosotros no tiene el tiempo suficiente para perseguir aún aquello que realmente le apasiona dentro de la disciplina. De hecho, es inevitable decidir y escoger determinadas opciones. No obstante, mancillamos nuestra autoestima profesional cuando asumimos que dichas opciones se escogen, sólo, como resultado de una deficiencia de nuestras aptitudes, de condiciones desfavorables del mercado o lisa y llanamente por falta de suerte. En lugar de desvalorizarnos, necesitamos aprender a asumir que cuando escogemos una opción, ésta es el resultado de una visión en perspectiva de nuestro talento y del amor. Tal vez la manifestación más insidiosa de enfrentar la «interpretación» en oposición frontal a la «pedagogía» sea el impacto que tal división ha producido en la generación de músicos jóvenes que aspiran a convertirse en profesionales. Por lo general, la enseñanza se toma como segunda opción. Muchos músicos jóvenes llegan a considerar la enseñanza como un subproducto de su actividad musical durante los años de formación. Un producto útil y conveniente para hacer dinero, que requiere sólo el tiempo necesario para dar las clases, pero no mucho más.

Lo típico en la persona joven, es que opte por la enseñanza como medio de ganar un poco de dinero adicional durante la época en que recibe su propia formación profesional. Puede que acepte algunos alumnos de nivel elemental para darles clases privadas. Si el o la joven está en un nivel universitario, puede tener algún tipo de asociación o convenio con una tienda de música o un estudio, donde el joven enseña a quien sea, a un precio fijo por hora. Es probable que este tipo de enseñanza no sea una actividad importante o erudita en esta etapa de la carrera de un joven, pero podemos estar seguros de que rara vez será dañina. De hecho, muchas veces constituirá un buen medio para impartir y dar a conocer los rudimentos de la música a los estudiantes que se inician. A su vez, esta persona joven ganará experiencia en la enseñanza y a medida que continúe con su formación profesional, comenzará a tener una visión del trabajo de su propio maestro desde un punto de vista pedagógico, incorporando en el camino, que duda cabe, muchos de los principios y métodos que aquél le transmite. Este es un tipo de aprendizaje que se ha ganado el respeto y la dignidad que otorga la persistencia en el tiempo, pues a lo largo de todas las épocas ha transmitido el conocimiento y la práctica de generación en generación, particularmente en el campo de las artes y oficios. Un sistema que siempre podría mejorarse, pero bastante eficaz y que, probablemente, ha funcionado desde el alba de la civilización. No cabe duda de que se mantendrá aún durante mucho tiempo.

Los músicos jóvenes que estudian en instituciones que cuentan con cursos de pedagogía podrán ser capaces de integrar en un concepto único sus ideas sobre la interpretación y la enseñanza. Pero, lo más frecuente es que aún en estas escuelas, el cuerpo de profesores esté dividido entre «maestros de interpretación» y «profesores de pedagogía». La labor de enseñanza de las dos áreas rara vez está coordinada o se realiza con una base común. La eficacia de la enseñanza, digamos pedagógica, no se verifica o se comprueba con el mismo rigor con el que se juzga el talento para la interpretación. Por lo general, subyace siempre la sensación de división entre las dos áreas, con detrimento para una de ellas, la que en el mejor de los casos se desestima y en el peor provoca directa animosidad. Así las cosas, la enseñanza sigue su camino y los estudiantes prefieren prestar mayor atención a lo que consideran la gran y audaz aventura de sus jóvenes carreras. ¿Y en qué consiste esa aventura? En presentarse a concursos, conseguir un concierto de vez en cuando, alguna buena crítica, hacer una grabación, tocar en una orquesta, ingresar en una determinada escuela o ser aceptado por un gran maestro, planificar una gira, hacerse con una beca, estudiar en el extranjero. Esos son los objetivos primordiales para la mayor parte de los alumnos. Es indudable que son, todas, actividades de indudable valor y que sería una necedad no aprovechar cualquier oportunidad que se presente para realizarse lo mejor posible en cualquiera de esos terrenos.

Sin embargo, en lugar de incorporar el ejercicio de la enseñanza a esta aventura, los músicos suelen considerarla como un ganapán, una actividad necesaria y válida, pero con el único aliciente de constituir una suerte de vaca lechera. Para la mayoría, la década de las grandes ilusiones y de perseguirlas pasará y, una vez pasada, la enseñanza comenzará a tomar mayor envergadura, si se trabaja en ella, se estudia, se perfecciona, irá emergiendo con poderosa fuerza. ¿Porqué este cambio de actitud debe consumir tanto tiempo? En parte es, seguramente, porque los profesionales con experiencia no ponen en relieve con suficiente fuerza o a su debido tiempo los valores, los retos y las gratificaciones inherentes a la enseñanza.

¿Cuándo escucharemos a un joven profesional hablar con entusiasmo de sus propios alumnos con talento, aun si sólo se trata de principiantes? Cuando los músicos comiencen a demostrar que valoran el talento en todos los niveles de la profesión. ¿Cuándo veremos que los ojos de los jóvenes profesionales brillan de entusiasmo frente a la perspectiva de un seminario pedagógico? Cuando *nosotros* seamos capaces de reaccionar tan positivamente frente a los excelentes seminarios pedagógicos, como lo hacemos frente a las excelentes actuaciones y conciertos. ¿Cuándo veremos a los jóvenes profesionales buscando nuevos materiales de enseñanza en las tiendas de música? Cuando *nosotros* comencemos a evaluar todos los niveles de ediciones musicales en términos tanto de excelencia musical, como pedagógica. ¿Cuándo estos jóvenes profesionales discutirán acaloradamente entre ellos acerca de los méritos relativos a los diversos métodos a aplicar a la enseñanza, en los niveles elemental e intermedio? Cuando *nosotros* relacionemos los problemas técnicos y musicales en todos sus niveles, con lo que les sucede a los principiantes. ¿Cuándo estos jóvenes profesionales disfrutarán preparando para sus alumnos un recital u otra forma de actividad que evalúe el grado de los progresos que hayan alcanzado? Cuando *nosotros* elogiemos los aciertos de su labor en la enseñanza con tanto entusiasmo como lo hacemos con respecto a los de sus interpretaciones.

A lo largo de los años, muchos de nosotros tuvimos que aprender la manera de establecer un equilibrio en la delicada relación entre nuestras dos actividades profesionales, como intérpretes y como maestros. Hemos desarrollado ese equilibrio individualmente, muchas veces después de una buena cantidad de ajustes. Nuestros alumnos necesitan ayuda para llevar a cabo el proceso de aprender a reconocer la importancia de ambas actividades y definir la relación que entre ellas existe. Tienen todo el derecho de buscar una guía y un ejemplo en aquellos que poseen mayor experiencia. La mayor parte de los alumnos, deberá desarrollar el aspecto relativo a la enseñanza de la profesión progresivamente, durante sus estudios. Entonces, nuestros alumnos surgirán siendo músicos más sensibilizados con la profesión, una profesión que, de este modo, tal vez pueda liberarles de una buena cantidad de posibles resentimientos y frustraciones, considerados ambos sentimientos como autodestructivos.

La carrera de enseñanza

En cualquier fase de la lucha de la existencia humana hay un gran número de individuos capaces a quienes la naturaleza o las circunstancias los ha dotado con capacidades y talentos diferentes a los destinados, por así decir, a la fama. Estos individuos se dan cuenta de que la fama es algo que pertenece a un determinado tipo de persona y que las brillantes luces en lo alto de los rascacielos, si bien necesarias y atrayentes, no siempre iluminan el mejor lugar o el aspecto más orgánico de la estructura.

Muchos músicos jóvenes son lo suficientemente astutos como para comprender, cuando llegan a su primera madurez –por lo general cerca del final de su formación académica– que no están destinados a la fama, que no se les han dado los medios –sea por talento o por tiempo– de intentar construir una carrera basada en la imagen del intérprete virtuoso. Escogerán seguir interpretando el instrumento dentro de su esfera o actividad, para grupos de personas tales como sus compañeros, para los maestros que tal vez sigan aconsejándolos y abriéndoles caminos nuevos y para sus amigos. Pero estos jóvenes han sabido examinar cuidadosamente el mundo que los rodea y enfrentar cabalmente el hecho de que las interpretaciones en conciertos públicos no constituirán el aspecto principal de sus carreras de músicos. Son conscientes, asimismo, de que si estos acontecimientos tienen lugar, lo más probable es que no reciban dinero a cambio o que, en el mejor de los casos, sólo sean honorarios prácticamente simbólicos.

Este es el momento en que posiblemente los jóvenes reflexionen sobre las posibilidades reales que existen de ganarse la vida con la carrera musical. En cualquier caso, es el momento de ver qué puede hacerse para encontrar algún tipo de seguridad económica, sea o no, por medio de la música. En tal contexto, la seguridad institucional aparece, en principio, muy tentadora, de modo tal, que con frecuencia el objetivo siguiente consiste en encontrar un puesto de profesor en alguna universidad o escuela superior. El problema es que esta ilusión encuentra, rápidamente, un sinnúmero de circunstancias desfavorables. La aspiración a un cargo de este tipo siempre ha implicado una situación en la que hay que disponerse a participar en una lucha muy competitiva. Y esto se aplica aún en las épocas de auge de la expansión de las instituciones de educación superior, esas épocas de florecimiento en cuanto al número de estudiantes inscritos y a la relativa distensión con respecto a las responsabilidades. Sólo podrán conseguir dichos cargos los intérpretes más brillantes, aquellos muy dinámicos y los afortunados. Muchos candidatos con suficientes méritos serán dejados de lado. Las recientes tendencias de la educación superior en Estados Unidos apuntan a que las instituciones trabajen con los recursos que ya tienen o, directamente, a la reducción de futuros gastos e inversiones. El resultado es que las probabilidades de lograr algún día un trabajo dentro de la esfera académica son tan ínfimas, que el mercado está atestado de profesionales jóvenes de excelente cualificación. Jóvenes que compiten entre sí por los pocos trabajos que salen anunciados, trabajos que se han librado de caer bajo el hacha de los recortes impuestos por los presupuestos.

Aquellos que están mejor informados, o son más hábiles, comprenden que, aunque se aseguren un puesto de trabajo en una universidad o en una escuela superior, no necesariamente significará haber encontrado ingresos seguros que les permitan dedicar tiempo a la práctica de su oficio. Los puestos están siempre sujetos a recortes presupuestarios, aunque sean fijos y los primeros que suelen escogerse para hacer dichos recortes son los cursos relacionados con materias artísticas. Aun si el cargo es fijo, un joven miembro del cuerpo docente siempre tiene que preocuparse por las constantes evaluaciones que se harán sobre su labor y contribución, tanto a la institución, como a la profesión. Estas evaluaciones periódicas culminan, por lo general, entre cinco y siete años después de comenzar con el trabajo, con una decisión sobre el cargo que se posee. Durante este proceso, los colegas del cuerpo de profesores, entre ellos algunos provenientes de otras disciplinas, no sólo evalúan la eficacia del candidato en la enseñanza, sino también la reputación lograda por medio de conciertos, publicaciones, monografías, conferencias, invitaciones importantes o premios y servicios profesionales. Aquellos cuyas actividades, dentro y fuera de la universidad, no alcancen el nivel de rendimiento esperado no lograrán permanecer en el cargo y así se les notificará. Un proceso de este tipo no puede darnos esa calma que aporta la seguridad, y muchos son los jóvenes miembros del cuerpo de profesores que han debido aprender esta dura y difícil lección.

Por tanto, con la perspectiva tan remota de conseguir un cargo docente y los riesgos que implica el hecho de mantenerlo, muchos jóvenes profesionales se enfrentan a la posibilidad de tener que considerar lo que podría juzgarse como el último recurso antes de abandonar completamente la carrera. Una posibilidad que suele expresarse con una frase más o menos en este estilo: «bueno, como último recurso, siempre está la posibilidad de dar clases privadas».

Es un fenómeno muy desafortunado que, en la música, el ejercicio de la profesión como autónomo o independiente se considere el medio último y el modo más lamentable de ganarse la vida. De hecho, hay quienes prefieren abandonar la música completamente antes de asumir este papel en apariencia modesto.

Cierto es que la práctica profesional privada es una actividad que merece bastante respeto en otras profesiones, donde no se la considera en modo alguno como una segunda opción disponible. Los abogados, los médicos, economistas, asesores financieros y hasta los líderes espirituales –por mencionar sólo unos pocos– enfocan la profesión como una actividad que implica una práctica privada. La mayoría de las profesiones cuentan con determinadas acreditaciones, tal como su pertenencia a colegios profesionales o con diplomas o certificados que algunos utilizan para potenciar y garantizar su seriedad en su campo de actividad. Sabemos que tales credenciales tienden a crear una sensación de seguridad en los clientes, aunque en realidad no sean garantía de excelencia profesional. Más de una vez observamos la presencia de abogados incompetentes en los juicios, al igual que existen médicos ineptos que practican la medicina. Pero los profesionales de estos grupos, aunque en cierto sentido se les juzga, en principio, por sus diplomas y su pertenencia a determinados colegios profesionales, a largo plazo logran, gracias a la práctica de su actividad, construirse una buena reputación. De ninguna manera existe un prejuicio por el hecho de que operen o no en forma privada, que sean miembros de una sociedad o que trabajen dentro de los límites de una institución. Lo mismo debería suceder con los músicos.

El maestro privado también puede mostrar certificados de estudios, grados de aprendizaje, diplomas y su pertenencia a organizaciones profesionales de las que muchas exigen una evidente competencia profesional. De ahí en adelante, el éxito, como el de cualquier otra profesión, debería depender de la capacidad para construirse una reputación de calidad, sea cual sea la estructura en la que se funcione.

En otras profesiones se observan, con frecuencia, carreras construidas en base al trabajo autónomo. Por ejemplo, si una persona joven ha terminado su formación profesional y tiene ciertos servicios que ofrecer a la comunidad (legales, médicos, o financieros de algún tipo) podría hacer una búsqueda en alguna zona del país donde esos servicios profesionales sean necesarios. (Tales zonas pueden identificarse, por ejemplo, estudiando la densidad de población, los factores de crecimiento, el número de profesionales que ofrecen dichos servicios en la zona.) Si se asume que es posible encontrar varias zonas, aquella que se seleccione podría ser la que resulte más atractiva por razones personales. Sería tal vez conveniente hacer una visita sobre el terreno y entrevistarse con profesionales ya instalados allí, con las cámaras de comercio, los grupos religiosos o las distintas asociaciones. Lo primero, es tomar la decisión. Ahí comienza la aventura. Habrá que planificar una inversión inicial para cubrir los gastos del lugar donde se desarrollará la actividad y del equipamiento, amén de una pequeña reserva de dinero para mantenerse durante varios meses hasta que la actividad comience a dar frutos.

Los músicos jóvenes que dan estos pasos deberían comprender que los maestros tienen que pasar por un periodo de construcción de la carrera, tiempo que bien puede significar una época de estrecheces económicas, pero que es exactamente la misma situación en la que se ven los profesionales jóvenes de muchos campos. El mercado de cualquier servicio puede fluctuar de una década a la otra. Por tanto, estos jóvenes tienen que estar preparados para luchar a lo largo de un periodo de estrecheces económicas, pero con la expectativa de lograr, diez años más tarde, consolidarse profesionalmente con una reputación de calidad y de buen servicio a la sociedad en que viven. ¿Difícil y arriesgado? Por supuesto. Habrá detractores que piensen, además, que por más esfuerzos creativos que se hagan, nunca podrá llegarse a conseguir el dinero suficiente para pagar las cuentas y mucho menos, para conseguir algún tipo de seguridad. Por otra parte, los buenos médicos, los odontólogos, los abogados, los economistas, los agentes de viajes, los asesores de impuestos y los propietarios de pequeñas empresas de todo tipo montan sus proyectos sin problemas y con éxito. Es un hecho que sucede constantemente. Y muchas profesiones se desarrollan fuera de los marcos institucionales, un campo.este último donde la lucha por la eficacia y el rendimiento ha dado como resultado una reducción de los puestos de trabajo y al mismo tiempo la tendencia a favorecer la iniciativa individual para la formación de empresas privadas.

En cuanto a lo que concierne a la profesión musical en sí, ya es hora de que comencemos a hacer un ejercicio de autoestima con respecto al campo de la enseñanza privada. Podemos conseguirlo si cambiamos nuestra perspectiva del problema. Necesitamos olvidar por un instante aquello de que «cualquiera puede abrir un negocio», es decir, el punto de vista negativo, y recordar que, en algún momento de sus vidas, buena parte de los grandes maestros de la historia han dado clases privadas. Se podría verificar esta afirmación, para comenzar, señalando que se cumple en el caso de Liszt y de Leschetizky y continuar con la lista a partir de ahí. El hecho de adherirse con convicción a esta perspectiva alentadora del desarrollo de la actividad docente en forma privada, debería desvanecer toda duda posible al responder a la pregunta que podría formular un joven profesional:

«¿Qué haré una vez que me diplome?»

«¡Vaya! Ponerte en marcha y construir tu carrera, eso es lo que harás.» No cabe duda de que para muchos, eso traerá como consecuencia que desarrollarán su actividad profesional en el campo de la enseñanza privada.

Maestros y mentores

Hemos escuchado decir con frecuencia que, como maestros de música, nuestra esfera de influencia va más allá del mero hecho de transmitir el conocimiento sobre la manera de interpretar un instrumento o de cantar. Probablemente, en algún momento hemos reflexionado sobre nuestro papel dentro de la evolución del estudiante como ser humano y, sobre el hecho de que buena parte de nuestra eficacia como maestros surge de nuestras dotes de psicólogos. Tal vez, incluso hemos evidenciado el modo en que nuestra influencia ha sido positiva en el pensamiento y en la evolución de alguna persona joven, cuando ésta tuvo que enfrentarse con momentos decisivos o crisis vitales.

Estas reflexiones parecen lógicas, porque si uno presta atención y tiene cuidado de no inmiscuirse en la vida del alumno sin que este se lo pida, sin olvidar que la mayoría de nosotros carecemos de una formación psicológica, podemos contribuir a mejorar la calidad de vida de una persona joven. Obviamente debemos contar con la certeza de que la música en sí es ya una fuerza positiva, como también lo es nuestra contribución tendente a que el hacer musical forme parte del futuro de una joven persona. Pero fuera de todas las connotaciones relativas a esta influencia evidente, existen muchas maneras de poner en práctica nuestro aporte a la formación intelectual y personal de una persona joven. Si reconocemos conscientemente que somos capaces y podemos trabajar en ese sentido, es posible que lleguemos a convertirnos en una fuerza aún más positiva.

Los tipos de aportes que podríamos considerar conscientemente son aquellos que, con un poco de suerte, el alumno elaborará dando como resultado una serie de principios filosóficos básicos y algunos de ellos serán factores determinantes de su futura habilidad para hacer frente a la vida con el paso de los años, formando parte de los principios que van a configurar los atributos de la persona, independientemente del hecho de que llegue o no a ser un profesional de la música y ayudarán a definir sus patrones psicológicos y sus reacciones frente al medio social. (Para evitar cualquier malentendido, téngase en cuenta que estos principios *no* necesariamente guardan relación con los problemas personales inmediatos del estudiante, tal como los que atañen a sus vínculos familiares, académicos y afectivos.) Más de una vez los maestros de música se encuentran con un dilema frente a un alumno que les pide consejo acerca de asuntos privados. Saber en que medida un maestro está dispuesto a aportarle soluciones a su alumno es un tema muy complejo y estrictamente personal. Hay que tener en cuenta de que el hecho de involucrarse en estos problemas es, por lo general, una espada de dos filos y que debe hacerse con gran cuidado. No quiero decir con esto que uno *no* quiera dar todo el apoyo necesario al alumno. Pero hay que reconocer que desde nuestra posición, no contamos con los conocimientos suficientes para aconsejar debidamente acerca de estos delicados temas personales. Siempre existe la posibilidad de que uno termine empeorando las cosas, sea porque escojamos mal el momento de aconsejar, sea porque no acertemos a expresar nuestras opiniones de la manera más idónea posible.

Al reflexionar acerca de las esferas de influencia en las que podríamos desenvolvernos favorablemente para el alumno, debemos plantearnos nuestros objetivos recordando constantemente que lo que deseamos realizar estará siempre influido por la personalidad del estudiante, así como por nuestros impulsos más hondos, que, en nuestro interior, se resisten a aceptar nuevas ideas y nuevas perspectivas. No obstante, por el momento vamos a considerar las siguientes posibilidades:

¿Es posible enseñar los *detalles* de una composición musical de una manera tan creativa y a su vez fascinante para el alumno, como para que este último pueda sentir una genuina sensación de satisfacción al tratar de embellecer un pequeño pasaje? Habrá estudiantes cuyo temperamento estará de acuerdo con este tipo de perspectiva, que la aceptarán y la pondrán en práctica sin dificultades. ¿Seremos igualmente capaces de enfrentarnos a una situación conflictiva como sería aplicar este punto de vista al caso de un alumno cuyo impulso natural es lanzarse y atropellar la partitura sin tener en cuenta los detalles?

Por otra parte, habría que ver si es posible estimular a un alumno con imaginación y energía, de modo que él o ella alcancen un plano de conciencia donde los detalles que se han estado elaborando se expresen como síntesis de una unidad intelectual y emocional. Habrá alumnos con tendencia natural a hacer esta síntesis por sí mismos. ¿Podemos, aún así, arriesgarnos a poner esta experiencia en manos de alumnos cuya seguridad emocional parece basarse en la realización de una serie de tareas muy estructuradas y rutinarias, o, todavía más, de los que son muy disciplinados, pero tienen un ritmo de trabajo lento?

¿Cabe acaso la posibilidad de enseñar análisis y estructura con una precisión tan meridiana como para que un alumno llegue a comprender las ventajas de la búsqueda de la simetría, de los patrones, del orden o de la lógica, y trasladar esta percepción a otros aspectos de su vida? Es una tarea que será fácil en el caso de los alumnos provistos de mentes con tendencia a operar naturalmente de esta manera. Las dificultades se presentan cuando tratamos de aplicar este proceso de elaboración a los alumnos que mentalmente funcionan con mayor libertad, se inclinan a divagar y sueñan a su antojo.

¿Podemos, por el contrario, transmitirle a cada uno de nuestros alumnos el placer de la improvisación? ¿No sólo al alumno extravertido, que expresa su mundo interior con facilidad, sino también a aquél que percibe ese tipo de comunicación espontánea como la exposición descarnada de lo que para él, es un mundo estrictamente privado?

Es más, cabe preguntarse si es posible enseñar el placer de escuchar, para que aumente la percepción del estudiante en todos los campos. Una potenciación tal, que su capacidad auditiva prospere fuera del mundo musical y, no sólo eso, sino que además dé lugar a un proceso sensorial donde la percepción constituya una trama sensible que incluya a todos sus otros sentidos, sean la vista, el tacto, el gusto o el olfato.

¿Es posible guiar a un alumno a lo largo de una interpretación de modo tal que se genere en él un sentido de equilibrio entre la cuidadosa preparación y el coraje para correr riesgos? ¿Puede, por tanto, el alumno, aprender algo acerca del concepto del «riesgo calculado», un concepto que forma parte de muchas de nuestras decisiones vitales?

¿Es posible usar la música, este medio de comunicación no oral, como medio de atraer la atención de una persona joven hacia los más elevados fines? ¿Hacia la búsqueda de un mayor grado de conciencia y entendimiento espiritual? A preguntas como éstas, las respuestas no pueden ser tajantes. Sin embargo, sabemos que la enseñanza, en su mayor nivel de excelencia, dentro del campo que sea, tiene, en ciertos y raros momentos, la habilidad para sensibilizar profundos estados de conciencia. Preguntas como las formuladas sólo sirven de catalizadores. Con frecuencia, en la relación con un determinado alumno, no sabremos evaluar la medida en la que hemos logrado ahondar felizmente en estas cuestiones. El alumno tranquilo y tímido no modificará su conducta. El entusiasta seguirá lleno de vida y dicharachero, y el extravagante no dejará de comportarse imaginativa e intrépidamente. Pero de alguna manera, en algún punto, es posible que uno haya abierto la puerta hacia otra manera de ver las cosas y de pensarlas. En algún lugar, se ha producido la comunicación de una técnica de aprendizaje que dará sus frutos años más tarde. O bien, tal vez se haya creado un espacio de verdad que pasará a formar parte, en un estrato muy hondo, de la armadura filosófica del alumno, un plus que utilizará en posteriores periodos de su vida.

Tales efectos a largo alcance no son tan improbables como creemos. ¿A cuántos de nosotros nos conmovió una observación de un admirado maestro, una observación hecha tal vez en forma casual, pero que para nosotros se convirtió en uno de los pilares de apoyo de la estructura de nuestra existencia? La contemplación de estos efectos nos enfrenta cara a cara con una abrumadora responsabilidad, pero una responsabilidad que también es una fuente oportunidades creativas.

Capítulo 2

Posiciones básicas

Actitudes frente a la interpretación

La enseñanza de ciertas actitudes concernientes a la música y al hacer musical es tan importante, como la enseñanza de la colocación de las manos o de la posición frente al instrumento. Dichas actitudes configuran una base filosófica con respecto a nuestro oficio y a nuestra vinculación con él. Tanto el hecho de identificar los problemas filosóficos, como el de formular nuestros principios son muy importantes para los maestros, porque sin este tipo de trabajo solemos caer, sin advertirlo, en opiniones o actos que en realidad no están de acuerdo con nuestras convicciones. A su vez, los alumnos pueden llegar a considerar estas actitudes, en el mejor de los casos, como incoherencias y en el peor de ellos, como dualidades.

Por ejemplo ¿Qué pensamos verdaderamente acerca del hecho de interpretar en público, acerca de compartir el producto

de nuestra labor con soltura y serenidad, sin demasiada inseguridad? ¿Cuál es nuestra verdadera reacción visceral (y de qué
modo influimos en la reacción de nuestros alumnos) cuando nos
enfrentamos a esa situación en la que alguien, por lo general
alguien que conoce poco o nada de música, dice alegremente:
«De modo que eres pianista. Fantástico. Toca algo»?

Esta es una solicitud perfectamente lógica. Puede ser el
reflejo de un interés momentáneo por parte de un músico aficionado o una instancia que convertirá al oyente en un admirador,
un asistente a conciertos o en una persona que consuma música,
aunque la mayoría de las veces es una solicitud para la que
muchos pianistas no están preparados.

Estar siempre preparados para presentar un ejemplo de
nuestro trabajo musical —en circunstancias convenientes— podría
ser una fuerza de tremenda potencia para nuestro desarrollo personal y para reforzar la posición de nuestro oficio en tanto que
actividad relevante dentro de nuestra cultura. Sin embargo, la
mayoría de los pianistas tradicionales se forman, desde sus primeros años de estudio, para tocar —y estar preparados para
tocar—, pero sólo una o dos veces al año. Como una planta o un
árbol, florecen durante un breve instante y luego transcurren
meses de silencio, excepción hecha de la práctica del instrumento y de las lecciones.

Este es un modelo que llega consolidarse firmemente con los
años. Durante la adolescencia, el estudiante puede estar trabajando obras de moderada dificultad, pero hasta que el estudio de una
obra no llegue a acercarse a un elevado nivel de interpretación, el
joven no tendrá la seguridad suficiente para presentarla en público. Por la misma razón, se acostumbra dejar de lado las obras que
se estudiaron previamente, tan pronto como su interpretación deja
de depender de una lección o de un recital. El resultado es que
muchos alumnos que han estudiado durante ocho o diez años
carecen por completo de un repertorio.

El modelo se mantiene inamovible bien entrada la segunda juventud. Si una persona joven cursa estudios superiores en una escuela o una universidad para diplomarse y ser un músico profesional, es posible que se le exija un recital como requisito para completar su andadura académica y obtener el diploma. Aquí y con frecuencia por vez primera, el alumno se enfrenta al problema de presentar un programa o una obra de cierta envergadura. Este problema suele convertirse en uno de los aspectos más difíciles de los concernientes a la preparación de un recital. De hecho, se produce porque el estudiante ha sido formado durante años para tocar constantemente, pero no para elaborar y tener a punto un repertorio de presentación.

Más perjudicial aún es el hecho de que, sin una formación temprana en este aspecto del oficio, un músico joven no podrá aspirar jamás a alcanzar el dominio de ese estado psicológico en el que tocar el instrumento representa un medio de expresión personal fácil y manejable. En otras palabras, que su interpretación constituya una línea de comunicación directa con las personas que lo escuchan. Más bien, el hacer música supondrá una actividad que estará relegada a ocasiones especiales que se esperan con nerviosismo y con el deseo de salir, como pueda y cuanto antes, de una experiencia que se vive como un suplicio. Con este tipo de condicionamiento año tras año, no puede sorprendernos que, para muchos alumnos, el entusiasmo normal, propio de la expectativa de tocar en público, se transforme, con el tiempo, en un demonio grotesco que acecha y planea sobre cada actuación o recital bajo el nombre de «nervios del concierto», «miedo al escenario» o «miedo escénico».

Si cultiváramos desde los primeros años algunos hábitos, es posible que pudiéramos contar con un modelo de conducta algo más saludable. Durante las clases, debería llevarse a cabo una revisión periódica del material de repertorio. Un esfuerzo que con toda seguridad consumirá tiempo, pero que dará buenos resultados en incalculables aspectos. Como primer paso, los maestros deberían ayudar a sus alumnos a elaborar listas de repertorios para interpretar en recital o concierto, compuestas por cinco o seis partituras que se hayan estudiado en el pasado. Son obras que deben repasarse dentro de un horario especial dedicado a la enseñanza de la interpretación para presentaciones, a razón de una partitura por lección, siguiendo un ciclo que se repetirá y crecerá continuamente. Los alumnos deberían reunirse con frecuencia, y hacer recitales entre ellos. Por turno, cada uno interpretaría para sus compañeros. Estoy convencido de que estos encuentros pueden llevarse a cabo sin que las diferencias de nivel en la formación de los participantes representen un problema. Como pianistas, tenemos que aprender a disfrutar y a aprovechar creativamente la escucha de aquellos que tocan con mayor belleza que nosotros y a su vez, aprender a escuchar con placer y comprensión a los que todavía caminan por senderos que nosotros ya recorrimos. A veces, estos encuentros informales podrían incluir la visita de algunos invitados especiales, como sería el caso de los padres, maestros y otros alumnos que tengan interés en asistir.

Para terminar, es posible que una de las grandes gratificaciones de nuestro oficio podría surgir al adquirir la costumbre de decirle a un amigo, un ser querido o a cualquier ser humano que, según nuestra percepción, podría responder con placer a la frase: «Me gustaría tocar algo para ti». Traducido a un lenguaje filosófico, este ofrecimiento significa: «He encontrado algo de gran belleza y he invertido parte de mi vida para aprender como recrearlo. Ven, quiero compartirlo contigo.»

Por supuesto que esta clase de actitud está llena de riesgos. Nuestro amable público puede pedirnos que interpretemos música que no sabemos o un estilo que no tocamos. (¿Conoces alguna canción de Aute? ¿O un bolero de Luis Miguel?) Desde el punto de vista del aficionado, estos no constituyen pedidos ilógicos, pero con frecuencia, estos pedidos nos ponen en una situación violenta dado el hecho de que sólo sabemos tocar música «clásica» o que no poseemos gran experiencia en una variedad de estilos. La solución perfecta es ser capaz de hacer un poco de música en algún estilo informal, que se acerque más al estilo de música popular actual y menos a la música europea de los siglos dieciocho y diecinueve. Uno puede aprender a improvisar un poco, o a tocar algo más accesible, incluso algún tipo de danza. Tendremos así una introducción que puede romper el hielo y allanar el camino para la interpretación de Mozart o Chopin o Debussy y, por tanto, demostrar que uno realmente toca bien y a la vez venderse. Lo importante aquí, es encontrar un público y tocar para él, en lugar de huir de la situación debido a que no nos sentimos preparados o a que las dinámicas de la comunicación nos crean incomodidad.

Sí, en realidad, uno debe estar preparado para enfrentarse con una partitura y tocarla hasta el final. Los pianos deben, por lo menos, servir para algo y los oyentes deben dedicar, por lo menos, un mínimo de atención a la interpretación. Son condiciones a veces difíciles de exigir en esta época de invasión de la música enlatada que se escucha por todas partes. En resumen, antes de que la comunicación y en especial la comunicación musical pueda concretarse, hay que cumplir una serie de requisitos. Uno debe esperar que se produzcan inconvenientes y estar preparado para tomarse las cosas con buen humor y no rendirse a la fatalidad. Aprender a sortear con habilidad las dificultades es una parte importante de la condición de músico. Puede que el hacer musical sea nuestro bien más preciado, pero tenemos que aprender a que represente algo más que sólo o simplemente nuestro tesoro personal.

El sueño de realizar una carrera de concertista

Los maestros tenemos perfecto conocimiento de las dificultades de nuestra profesión. ¿Cómo vamos a responder frente a un joven pianista que está atrapado por sus sueños? ¿Estimular el fuego de su pasión sin límite alguno? ¿ Alertarlo y hacer sonar las alarmas ya que hemos vivido lo bastante como para saber que esos sueños rutilantes están destinados a moderarse debido a las condiciones del mercado? ¿Vamos a destruir de pleno sus aspiraciones profesionales, dada la cantidad de incógnitas que no podemos resolver con respecto al futuro de nuestra profesión en la cultura actual?

Empecemos por analizar nuestra posición recordando que, en todos los aspectos de la vida, el proceso de convertirse en una persona adulta es, hasta cierto punto, un proceso en el que llegamos a una suerte de entendimiento entre las complejidades y realidades de la vida adulta y las visiones relativamente sencillas de la niñez. Es posible que tal proceso debilite el entusiasmo de los sueños infantiles, pero, con suerte, la madurez traerá consigo el hecho de aceptar nuevos valores (junto con nuevas dificultades) y la visión de nuevos objetivos que van a reemplazar los sencillos deseos y aspiraciones de la niñez.

La percepción adulta de la realidad destruye algunos de esos sueños infantiles. Por tanto, no todos llegamos a ser bomberos, agentes secretos o estrellas de cine. Al mismo tiempo, la percepción propia de la madurez hace aumentar progresivamente la importancia de otros objetivos. Y tanto es así, que, con el tiempo, abandonamos lo que fueron intereses importantes de nuestras vidas, vidas que, con suerte, saldrán fortalecidas por la misma intensidad del impulso con el que la realidad casi siempre nos empuja a aceptarla.

Con frecuencia, el primer factor que atrae a los jóvenes hacia el piano —así como a otras actividades musicales— va de la mano de la idea de buscar la admiración de los otros, un cierto tipo de fantasía de alcanzar la fama. Se produce una profunda identificación con los grandes intérpretes aclamados por el público, se cultiva un mundo de ilusiones y la fantasía de llegar a ser una celebridad. Además, para la vasta mayoría de los jóvenes que viven este tipo de fascinación, la promesa de un camino hacia la fama aun si se supone largo y pleno de dificultades —y que comienza ya, con varias horas diarias de arduo trabajo— no incide en absoluto como factor disuasivo. Muy por el contrario, a menudo, este desarrollo suele vincular psicológicamente el esfuerzo y el trabajo arduo con una posible gratificación. Una visión que trae como resultado un impulso apasionado dirigido a perfeccionarse musicalmente, a aquello que de una manera algo romántica describimos como «consagrarse al arte».

Sería una necedad negar que este impulso es necesario para lograr el éxito musical, pero también es cierto que lleva implícito un peligro que le es inherente. Después de un largo periodo de tiempo, la expectativa de la posible recompensa llega a ser muy intensa y la idea de esa recompensa persiste como una imagen sólidamente estratificada, la imagen inmadura de la juventud: la celebridad. Todos los demás aspectos pasan a considerarse en el mejor de los casos, vinculados con el hecho de ceder y hacer concesiones y, en el peor de los casos, con el fracaso. A medida que comienza a aflorar la percepción de las realidades propias de la madurez y el joven adulto observa el mundo, también comienza a sentir una sensación de frustración o inseguridad que supone una carga paralizante. El rechazo de los jóvenes a abandonar sus sueños primitivos hace insuperables las dificultades para concretar y realizar esa imagen ideal. No obstante, siempre mantendremos la esperanza de que, gracias a una serie de golpes de suerte, de alguna manera, nuestros alumnos saldrán adelante.

¿Adelante con qué?

Era un sueño infantil que nunca se elaboró profundamente. Un sueño muy necesario e importante en su momento y lugar, pero en algún momento, un maestro, una experiencia o un cierto tipo de comprensión, habrán funcionado como catalizador para elaborar esa idea con mayor madurez. Aunque los jóvenes que hacen muchas presentaciones durante sus carreras no tienen una imagen de sí mismos que coincida con aquella de la juventud. ¿Y cuales son las otras manifestaciones de la profesión? ¿Hacer música en grupo o música de cámara, improvisar, ser acompañante de bailarines, hacer grabaciones, trabajar en variedades, hacer arreglos, optar por el campo de la investigación académica? Estas son tareas que todos los pianistas, en tanto que músicos, realizan como parte de su vida profesional y muchos de ellos, en modo muy eficaz y sintiéndose felices, sin que por ello se sientan frustrados ni fracasados. Logran hacerlo, porque como personas adultas y maduras, han tenido la capacidad de enfrentar las realidades y, por tanto, de ampliar sus horizontes. Reemplazaron lo improbable y la estrechez de miras con lo nuevo, lo inexplorado, gracias a una idea más profunda y más amplia de lo que significa ser un músico.

De modo que un músico joven que se forma y se desarrolla correctamente, debería alcanzar la madurez en su profesión con una imagen de sí mismo completamente elaborada. Una elaboración tal, que le permita perseguir sus objetivos más realistas con confianza y con la sensación de que se está realizando. Tal bienestar mental no se consigue de la noche a la mañana. Hace falta tiempo para crecer y, a su vez, es necesario que las semillas se siembren temprano.

Por ejemplo, un joven necesita que se le gratifique, tanto por el hecho de hacer música en grupo, como por sus presentaciones como solista. Los jóvenes que tienen el don de saber cómo hacer disfrutar y divertir a los demás con una música accesible y alegre, necesitan un tipo de estímulo que va más allá de la simple condescendencia de los adultos. Son jóvenes artistas que, por lo general, gozan de la rápida admiración de sus compañeros, pero también valoran la que procede de los adultos. Debería enseñárseles e insistir sobre las técnicas correspondientes a la interpretación de grupo o en espectáculos de variedades. ¿Qué se necesita para desarrollar un músico con una excelente habilidad para leer a primera vista o que pueda hacer buenas improvisaciones? ¿Cómo orientaremos el estudio de las obras para el arte del canto o para la música de cámara? ¿Tiene el alumno un interés creativo en la composición?

Con demasiada frecuencia, los jóvenes llegan al umbral de su vida adulta creyendo que todas estas actividades son placeres *excepcionales* en el sentido de que son esporádicos, o bien actividades subsidiarias de la fuente principal de su actividad: la tarea única de estudiar y de interpretar la música para solista. ¿Deberíamos sorprendernos pues, por el hecho de que estos jóvenes comiencen a sentirse frustrados y desilusionados hasta un punto traumático, dado que deben enfrentar la realidad de que el mundo de la práctica de la profesión no está formado, en su mayor parte, por los músicos solistas que pasan su vida viajando y dando conciertos? ¿Asombrarnos frente al daño que se produce en al imagen que estos jóvenes tienen de sí mismos a medida que, secretamente, llegan a la conclusión de que por alguna misteriosa razón no son «lo bastante buenos» para hacer realidad su fantasía?

Si, ampliar los horizontes mentales es una tarea que toma tiempo. Es incluso necesario robarle tiempo al dedicado a perseguir la meta de llegar a ser un solista. Pero es justamente, en nombre de la «consagración al arte», que será vital abarcar nuestro arte en su totalidad. La tradición que hemos heredado sostiene este punto de vista. Si elaboráramos una lista de los grandes pianistas del pasado que fueron músicos de cámara, que «divirtieron» al público improvisando a partir de melodías populares;

de los que dedicaron una gran parte de sus carreras a actividades ajenas a las presentaciones en público —sea enseñar, dirigir o componer— nos encontraríamos con que hemos reunido los nombres de los artistas de mayor relevancia dentro de la música occidental. Podemos comenzarla con Mozart, Beethoven, Chopin, Liszt, entre otros.

El alumno de talento excepcional

A veces el impacto del talento fue evidente la primera vez que el alumno tocó para nosotros, o bien nos dimos cuenta de que estábamos frente a un alumno de talento excepcional solamente después de varias lecciones, en la medida que se hacía evidentes su potencial y su grado de creatividad. No importa cómo lo comprendimos, lo cierto es que, de repente, percibimos claramente que teníamos delante a un alumno de raras condiciones y talento, quizás uno de los llamados «prodigio». De pronto, nuestra responsabilidad como maestros habrá cobrado unas dimensiones realmente abrumadoras.

Hay muchas preguntas que los maestros deben formularse en el momento en que se encuentran con ese alumno fuera de serie. En primer lugar, la base de cualquier estrategia diseñada para guiarlo y determinar exactamente hasta que punto, como persona, está dispuesto a dedicarse a la música. Como profesionales de la música tendemos a asumir, automáticamente, que la *capacidad* para realizarse a altos niveles del dominio de la música y de su técnica es sinónimo del *deseo* de ponerlos en práctica profesionalmente. Dadas nuestras propias prioridades, nos parece incomprensible que alguien no quiera desarrollar plenamente su talento. No obstante, aprendemos que no siempre las cosas son así. Con frecuencia estos alumnos están igualmente dotados en otros campos, con la misma frecuencia con la que suelen escoger, en detrimento de la música, otro campo de actividad como centro de sus mayores y más intensos esfuerzos. Como resultado, existe un grupo bastante grande de hombres y mujeres extraordinarios en muchas de las distintas esferas de la vida profesional, que podrían haber sido músicos profesionales si hubiesen optado por dedicarse a esta disciplina. Para mencionar unos pocos ejemplos, citemos los campos de la medicina, el derecho, la investigación, del mundo académico o del de las finanzas. De hecho, un gran número de estos profesionales han estudiado continúa haciendo música durante gran parte de su vida con un nivel de calidad casi profesional.

Sin embargo, esta conceptualización no debe llevarnos a hacer concesiones con respecto a nuestro estándar de calidad. Más bien debería crearnos la seguridad de que la mejor manera de servir al alumno de talento, es ofrecerle dificultades a vencer con el mayor rigor posible, así como el mayor nivel de enseñanza del que seamos capaces. Lo que sí deberíamos ajustar, es el ritmo de elaboración del trabajo. Sensibilizarse con este aspecto del desarrollo del alumno, significa algo más que el simple hecho de ser capaces de vivir con el periodo de práctica del instrumento interrumpido regularmente y en ocasiones, completamente abandonado, por la invasión de las otras actividades que dicho alumno cultiva. Pero, aún si esta es una situación que la mayoría de nosotros maneja con bastante sensatez, el error que cometemos frecuentemente no está ahí, sino en la programación del repertorio.

Dadas las limitaciones en cuanto al tiempo disponible para el trabajo con estos alumnos, aparece la gran tentación de tomar atajos para llevarlos a ejecutar fragmentos de música de gran virtuosismo. El simple hecho de que el alumno posee la capacidad y la coordinación necesarias para superar las dificultades ya es, en sí, bastante tentador. También sucede bastante a menudo, que el alumno ha escuchado una obra, quiere tocarla y nos la pide. Si en este cuadro general hacemos entrar los concursos, la obra que se estudia suele verse sólo como un medio para conseguir el triunfo. Incluso la presión de los padres es lo bastante fuerte como para que uno ceda y exista una utilización constante de un repertorio de «lucimiento».

Alimentar estos apetitos con moderación no es nada dañino, pero es necesario tener mucho cuidado para que la práctica se lleve a cabo en forma equilibrada, en el sentido que exista una variedad de ejercicios y obras para estudiar que presenten una amplia gama de dificultades y de problemas musicales a resolver. Muchos son los alumnos que están dentro de la educación secundaria y que poseen una habilidad fantástica para tocar varios estudios de compositores del siglo diecinueve, pero que no son capaces de interpretar una sonata completa de Beethoven o de Schubert. Si se piensa que Beethoven es necesario, se cree entonces que lo mejor es omitir las primeras sonatas y aprender a tocar algo como la *Appassionata*. Si queremos dar muestras de una profunda musicalidad, se piensa que lo mejor es escoger una de las últimas sonatas. Se supone que Mozart y Haydn presentan menores dificultades por lo que es un material que el alumno precoz deja atrás durante los primeros años de estudio.

Esta actitud de desparpajo hacia las dificultades de obras de mayor sutileza es insidiosa porque muy probablemente conducirá a un desgaste. Incluso los estudiantes muy dotados, que no tienen ningún problema, terminan por desgastarse gracias a este régimen constante de trucos de virtuoso. Suelen tener la sensación de haber terminado el curso, pero no comprenden que en realidad no se han dedicado realmente a estudiar con seriedad las primeras lecciones. Reestructurar su pensamiento es bastante difícil porque, por lo general, se confunden y creen que esas obras tienen un nivel de excelencia «inferior» o «más bajo».

Es aquí donde los rigores relativos a la atención al detalle, al pensamiento creador y a la maestría de una interpretación precisa pueden ser de particular utilidad. La extinta Cecile Genhart utilizaba la *Sinfonía en re menor* de Bach como vehículo para enseñarle a los estudiantes hasta donde podía llegar la precisión en los detalles y las exigencias creativas. Quería, buscaba y a veces conseguía que sus alumnos vertieran las «lágrimas de frustración» en las lecciones dedicadas a esta fase de estudio.

Una vez que los estudiantes empiezan a comprender lo que supone hacer música con tal profundidad, pueden y están en condiciones de establecer sus propios temas, buscando los conflictos o dificultades a enfrentar durante el proceso de estudio. Para ellos, la dificultad suprema en todo el hacer musical se convierte en una realidad y las obras «fáciles» que antes querían dejar pasar se convierten ahora en obras de importancia. Y, por supuesto, a medida que superan nuevas y mayores dificultades, también surge la belleza de la música, de modo que experimentan el placer de descubrir, tanto lo nuevo, como la vasta miríada de obras maestras dentro de la música para teclado.

Si el estudiante de talento no se dedica con ahínco a la música, el papel del maestro pasa a ser entonces, no sólo el de preparación del alumno para un desarrollo musical equilibrado y global, sino también el de aconsejarle, enseñándole a encontrar un equilibrio entre las exigencias del arte y las de la vida. Existía en épocas anteriores una preocupación por la posibilidad de que los jóvenes llegaran a encerrarse demasiado y así tuvieran una percepción estrecha y un poco ingenua del mundo a su alrededor. Teniendo en cuenta la extensión y la velocidad de la tecnología de la comunicación, es probable que dicha preocupación no sea hoy muy realista. Los músicos jóvenes, como todos los miembros de su generación, están en contacto con las bases de datos. Una información, que en gran parte asimilan gracias a sus contactos diarios con los mundos de la televisión, de la sonorización o grabación y de la informática. Por tanto, podríamos aventurar que el papel del maestro de música no necesariamente debe seguir siendo el de la persona que estimula al alumno a ampliar sus horizontes y a despertar la curiosidad. De hecho, existen fuertes probabilidades de que el alumno que domine el mundo de los ordenadores estará, en este aspecto, uno o dos pasos por delante de su maestro.

El papel del maestro se convierte pues, en la complejísima tarea de ayudar al alumno a practicar y a perfeccionar un proceso que le permita identificar valores subyacentes de modo tal, que puedan escojer con inteligencia sus opciones. Todo nuevo descubrimiento tecnológico suscita un repentino entusiasmo en el público. Durante un cierto periodo de tiempo y también bajo los efectos de la presión de los intereses comerciales, esta novedad cobra gran importancia, importancia mayor que la que mantendrá más tarde, una vez que se haya consolidado y probado, tomando su verdadero lugar y su verdadera dimensión. Estas modas tecnológicas suelen ser muy seductoras en su época de auge, despertando verdadera fascinación en quienes quedan atrapados en su espejismo, con el inconveniente adicional de implicar un exagerado gasto de tiempo y de energía con relación al verdadero valor del producto.

Los maestros deben estar abiertos a lo que sucede e informados acerca del mundo tecnológico que sus estudiantes viven y experimentan. Sin embargo, una vez que se ha logrado arraigar en los alumnos y hasta un cierto punto integrar como parte de sus vidas determinados valores estéticos, los maestros deben insistir en tratar de ayudar a sus estudiantes a aprender a separar lo ilusorio o aparente y la esencia. Por una parte, los maestros deberían mostrar la forma en que los diversos desarrollos tecnológicos apoyan y son complemento del pensamiento creador y artístico. Por otra, deberían también mostrar que, como sucede con frecuencia, esos desarrollos tecnológicos pueden inhibir o entorpecer la creatividad. Llegar a identificar ambos aspectos requiere una gran lucidez mental y unas ideas muy claras, que no siempre es tarea sencilla. Una vez que el maestro haya logrado aclarar sus ideas y conceptos en orden, tendrá que cuidarse de evitar transmitirlas con una actitud dogmática que poco favor le hará a su alumno. Sin duda, lo mejor será optar por el método socrático.

Por encima de todo, tengamos en cuenta que poco le servirá al estudiante de talento un maestro encasillado en el oficio por más sincera y valiosa que sea su intención de proteger y de preservar los valores que defiende. En última instancia, los alumnos que persisten en su apasionamiento por las nuevas tecnologías, valorarán al músico de la vieja guardia dentro de una gama limitada, pero el aprecio y el respeto hacia una tradición que cada vez está más aislada pueden debilitarse seriamente en la medida de su alejamiento del acontecer actual. Aquellos alumnos persuadidos de que deben abarcar lo tradicional hasta un punto tal, que excluyen un vivo interés en las tecnologías, experimentarán con mayor intensidad la misma sensación dolorosa de fosilización que nosotros conocemos hoy. A esta sensación se agregará el miedo a que de aquí a unos años, a nadie le interese el trabajo que hoy realizan con tanto ahínco para lograr sus objetivos.

Lo mejor sería que el maestro y el alumno juntos, unieran sus esfuerzos para investigar las nuevas corrientes, evaluarlas con cuidado dentro del ámbito de los principios artísticos básicos y escoger lo que les resulte útil, dejando de lado lo que simplemente es cosa de una moda. Nadie es omnisciente, nadie sabe tanto como para poder determinar con infalibilidad lo que tendrá valor o lo que no. Pero el proceso de trabajo en sí insertará en la mezcla las tradiciones que amamos, investigará lo nuevo cuidadosamente y garantizará el uso constante de una capacidad de discernimiento, nacida de la sensibilidad hacia los valores estéticos. Sólo de esta manera seremos capaces de transmitirle a los alumnos de gran talento la forma de manejarse con los cambios cada vez más rápidos que previsiblemente se producirán en los años venideros.

El rezagado

Una vez que hemos analizado nuestra actitud frente al alumno de gran talento y aspirante a profesional, consideremos la manera de acercarnos a aquellos que buscan nuestra ayuda, pero que, obviamente, no poseen una visión correcta de nuestro mundo musical. Son los adultos jóvenes o mayores que, musicalmente hablando, provienen del «lado oscuro». Los que irrumpen en nuestras vidas presos de un estado de enamoramiento y entusiasmo juveniles, seguros de estar inspirados por las musas, que suelen hacer gala de saberlo todo acerca de la música; pertrechados, por lo general con poco o nada de la habitual reserva propia del alumno que ha pasado por una formación pianística tradicional.

Lo típico es que nos hagan escuchar una composición «original» que consiste sobre todo en repetir la misma progresión armónica. Se trata de un patrón armónico incesante, con una mínima variación dinámica y abundante utilización del pedal fuerte. La interpretación está caracterizada por un entusiasmo casi frenético y por una inexistente conciencia corporal de las relaciones entre el intérprete y el instrumento.

Con suerte, logramos reprimir nuestro primer impulso, esto es, decirle a esta especie de espíritu burlón o de fantasma, que se largue. O, en una versión algo más delicada: «Lo que usted necesita es un maestro que le pueda enseñar *ese* tipo de música.» Antes de caer en la tentación de responder de este modo, vale la pena recordar que esta persona está dos pasos por delante de nosotros. Probablemente está al corriente de que enseñamos música tradicional, pero también posee un genuino deseo de aprender y busca sencillamente ampliar sus conocimientos musicales. El entusiasta joven puede decirnos que la música es lo único que realmente le importa y por esa razón le interesa aprender todos los aspectos que deben conocerse.

Esta combinación de entusiasmo e ingenuidad suele dejarnos desarmados. Uno se siente inclinado a decirle al esperanzado candidato, que conoce muchos niños de ocho años que tocan el instrumento mejor que él. No obstante, debemos formularnos la pregunta que nos interrogue sobre la magnitud de la fuerza y la voluntad que, para aprender música, posee esta persona. Nos gustaría decirle que está tan lejos de dominar las técnicas pianísticas, que las posibilidades de aprender lo suficiente como para ganarse la vida con la música son bastante escasas. Sin embargo, uno debe preguntarse si tiene derecho a prejuzgar los motivos, a suponer determinados objetivos o, en última instancia, a asumir por nuestra cuenta el papel que la música vaya a representar en la vida de esta joven persona.

El hecho es que nuestro código de valores, aunque pueda ser fruto de la experiencia y de complejas elaboraciones de nuestros conocimientos, tal vez no tenga sentido para este alumno. Es probable que este último, en el mejor de los casos, interprete nuestro intento de apagar la llama de su entusiasmo, como sinónimo de una estrechez mental y, en el peor, como simple esnobismo. Por lo menos en esta etapa es bastante ocioso emitir juicios críticos o pronunciarse sobre el probable futuro utilizando como base nuestros propios valores aceptados.

Nuestro joven alumno, testarudo e idealista, ha decidido que la palabra *éxito* significa encontrar algo (en este caso la música) con lo que relacionarse en un modo personal. No significa necesariamente que quiera hacer las cosas mejor que otro (competitividad) o que busca reconocimiento por lo que hace. Madurar significa ahondar en el amor por esta actividad (la música) y compartirla con los otros por medio de una comunicación más directa. No necesariamente esta actividad implica el poder hacerse con una reputación como intérprete brillante y deslumbrador o con un diploma u honores. Realizarse personalmente significa convertirse en una persona que domina el arte. No necesariamente significa ser capaz de ganar dinero para vivir bien gracias a la música.

«¿Pero –argumentamos– qué puede hacer esta persona con la música?» Con lo que intentamos decir que, dadas sus capacidades, seguramente nunca serán lo suficientemente buenas como para que alcance el nivel que el mundo profesional requiere para tener derecho al nombre de maestro. Probablemente es verdad, pero al asumir esta verdad existen dos posibilidades. La primera, que vamos a formar un músico que bien puede encauzar sus esfuerzos hacia otro aspecto del hacer musical, como el mundo comercial impulsado por la tecnología, donde muchas veces se pueden obviar las técnicas tradicionales y cuya audiencia potencial es muy distinta de la que conocemos. Si uno es como la mayoría de los miembros de la profesión de enseñanza del piano, sabe poco acerca de las exigencias del mundo profesional y de las probabilidades de éxito. La segunda posibilidad es que, a medida que este estudiante madure, su espacio musical se reduzca en beneficio de sus responsabilidades adultas, en la medida que aumentan la necesidad y el deseo de asumir dichas responsabilidades. En este caso, y para muchos alumnos, la solución será hacer concesiones. Algunos se convertirán por un lado en secretarios o empleados o se dedicarán a reparar televisores o serán vendedores y, por el otro, en músicos apasionados. Este estado de cosas no es tan tremendo y de ninguna manera extraño, tanto dentro como fuera del ámbito musical. Para innumerables personas dentro de nuestra sociedad sus pasatiempos representan la gran pasión de sus vidas, sea que se dediquen al golf, al ajedrez, que escriban poesía, críen perros o, que toquen el piano.

De todos modos, tenemos la tarea de transmitirle al alumno una sensibilidad hacia el sonido, de moderar y refinar su entusiasmo con la capacidad de escuchar atentamente y de enseñarle la manera de escoger lo que quiere basándose en valores estéticos. Durante este proceso, debemos dejar que nuestro estudiante viva sus sueños e ideales juveniles y posponer los consejos relativos a su futura profesión, hasta el momento en que haya avanzado lo suficiente en su experiencia de aprendizaje o, cuando se nos soliciten tales consejos. Intercambiemos nuestros conocimientos por su entusiasmo juvenil. Si un día este joven consigue algún tipo de éxito ya sea en la música popular o comercial, siempre será un músico mejor si ha seguido cursos con nosotros y ha gozado de nuestra guía. Y si en los años futuros, solamente se produce un músico aficionado, hay que tener presente que la vida de esta persona se habrá enriquecido inmensamente gracias a la música. El estudio puede continuar, comprar entradas para conciertos y coleccionar grabaciones puede ser parte de su manera de vivir y este aficionado a la música probablemente hará lo que pueda para transmitirle a sus hijos el placer de la música. Por tanto, esta historia de amor con la musa beneficiará a todas las partes.

Capítulo 3

Rudimentos olvidados

La audición interna

Como músicos y maestros, hablamos constantemente de la necesidad de *escuchar*. Aconsejamos e instamos a nuestros alumnos a escuchar la música que están haciendo: una inflexión melódica, un cambio armónico, una voz interna, al equilibrio entre la mano izquierda y la derecha. Cuando se trata de hacer música de grupo, los instamos a escuchar las partes de los otros participantes. Presente en casi todas nuestras exigencias está el hecho de que sensibilizamos en nuestro alumno su percepción sonora de lo que se ha producido o de lo que esta produciendo. Obviamente, es un procedimiento serio, correcto, que hasta el momento no ha recibido críticas que nieguen su eficacia.

En principio, la audición debe comenzar como un proceso interno. La potente generación interna de un sonido, influirá directamente, tanto en la seguridad técnica, como en el feliz resultado de la tarea de proyectar una idea musical. La audición interna es, sin embargo, un mecanismo de pensamiento personal y, como cualquier otra actividad mental, se desarrolla sin que se produzcan signos inmediatos en cuanto a su velocidad, claridad o fuerza. Si la audición interna es imperfecta, los signos exteriores que se detectan están, frecuentemente, sujetos a diversos diagnósticos. Con la misma frecuencia, se supone que el proceso de audición interna, hondamente arraigado y esencialmente secreto, no es responsable de la causa subyacente que provoca la inseguridad técnica, la falta de memoria o la insuficiente proyección musical. El resultado es que se buscan soluciones que pueden ayudar hasta un cierto punto, pero que nunca llegan a atacar a fondo la esencia de la dificultad. Por tanto, la imperfección nunca llega a corregirse totalmente. De hecho, no se corregirá hasta que se identifique su fuente y se actúe en consecuencia.

Hasta cierto punto, los procesos mentales que se producen en la audición interna están presentes en todo el hacer musical, así, y en cierta forma, el pensamiento conceptual está presente en todo discurso. Los distintos procesos de pensamiento conducen a una amplia variedad de eficacia verbal, una eficacia que puede ir, desde la incoherencia hasta el atolondramiento, al discurso utilitario, hasta llegar a la articulación de abstracciones complejas. De la misma manera, el proceso de audición interna produce un hacer musical cuya gama se extiende desde lo desestructurado hasta lo chapucero, pasando por lo bueno hasta llegar a lo conceptualmente profundo. Los buenos músicos y los maestros se refieren con bastante frecuencia a estos procesos de audición interna, aunque rara vez les prestemos verdadera atención, aparte de cumplir con el deber de hacer referencia, en alguna lección, a sus misteriosos y desconocidos caminos o de darles nuestra bendición cuando dejamos el duro trabajo de cultivarlos mencionándolos en la sala de técnicas auditivas.

No obstante, una y otra vez nos encontramos con una serie de señales indicativas de que nuestros alumnos no han desarrollado satisfactoriamente estos procesos de audición interna. ¿Cuántos de nuestros alumnos no entonan o no son capaces de entonar las líneas musicales de la partitura que trabajan? El argumento siempre es que carecen de «voz». Pero los instrumentistas y los directores, en su mayoría, trabajan en los ensayos ilustrando constantemente sus ideas musicales con la «voz» que poseen. A veces les sale bien y, aunque otras veces desafinen o canten en *falsetto*, les resulta muy útil como manifestación de lo que en su interior sucede. ¿Cuántos alumnos no logran responder a las exigencias auditivas cuando se les pide que toquen la partitura a partir de un determinado punto? Si el maestro le pide al alumno que comience en un determinado compás y luego toca una armonía o un fragmento melódico, es muy probable que el estudiante con una voz interna débil o poco clara, comience a dudar o se confunda y que necesite comenzar mirando la partitura para poder realizar el ejercicio. ¿Cuántos estudiantes escuchan con la suficiente claridad como para ser capaces de construirse en su oído mental un *tempo* genuino y concreto antes de comenzar a tocar? ¿Cuántos estudiantes prestan atención y escuchan la música que está en sus mentes preocupándose por averiguar si se sienten satisfechos con el contenido interpretativo y emocional que en ella perciben?

Como sucede con cualquier técnica o arte, la audición interna puede reforzarse sólo si se tiene en cuenta y se atiende constantemente a su proceso de desarrollo. El primer ejercicio consiste en practicar aparentemente en silencio todos los días, durante un período de tiempo. Si se escucha muy poco, o directamente nada, lo mejor es tratar de vocalizar con ayuda del teclado. Es decir, se vocaliza apoyándose en el teclado, tocando acordes o notas que sirvan de guía para dicha vocalización. Como en cualquier técnica, es necesario trabajar con asiduidad y constancia. De esa manera, la comprensión parcial e imperfecta se convertirá, según un proceso gradual, en dominio y perfeccionamiento. En realidad, lo importante no es la construcción en sí de la audición interna, porque en alguna medida está presente en todos nosotros. Si la nutrimos y cuidamos como es debido, florecerá inevitablemente. El problema consiste, más bien, en el reconocimiento de esta voz interna como fuente de estímulo y entusiasmo para el hacer musical. En darle a su evolución la mayor prioridad posible en los casos en que percibimos una voz débil o imperfecta. Para ello, el maestro debe, en las clases, explicar el problema y proponer ejercicios para su virtual desarrollo, así como dar las directivas acerca de la manera de cómo deben practicarse diariamente. Además, dentro del programa de sus clases, deberá incluir el control periódico de los progresos del alumno en este tema.

Cierto es que son procedimientos que requieren un esfuerzo intensivo. Pero sin esta base nunca lograremos que una clara comprensión musical, una seguridad técnica y una independencia artística que supere los límites de los procesos imitativos. Los jóvenes músicos que surgirán siempre experimentarán una esquiva sensación de ansiedad en todo lo que emprendan, independientemente de la cantidad de horas de arduo trabajo que acompañen a sus esfuerzos. Es obvio que una audición interna muy desarrollada no puede funcionar como sustituto de los esfuerzos dedicados a elaborar las otras técnicas necesarias, pero es la única base sólida para apoyar la construcción. Armar una base que crecerá y se convertirá en esa conciencia auditiva que será el instrumento musical más valioso de todos. El que la posea, gozará de una incomparable vida musical interior.

La pulsación interna

Una vez que hemos establecido el sistema de sonido interno, el paso siguiente en orden de importancia consiste en dar a luz al director interior, el maestro conceptual de la batuta. Normalmente, el maestro interior se encuentra defraudado y frustrado al perseguir sus objetivos artísticos y, en general, incomprendido (del mismo modo que muchos directores se ven a sí mismos dentro del mundo profesional).

Estamos anclados firmemente a la idea de contar. Nos enseñaron a hacerlo cuando éramos estudiantes, lo hacemos con cada partitura que aprendemos, enseñamos a contar a nuestros alumnos y contamos mientras ellos dan las lecciones. Ahora bien ¿en qué consiste el principio de este misterioso asunto?

La respuesta la hallaremos en el hecho de que utilizamos el contar como herramienta para aprender el ritmo de una obra. Una vez que hemos aprendido correctamente el ritmo, y hemos ajustado la métrica, dejamos de contar y sólo volvemos a hacerlo si aparecen dificultades.

El hacer musical queda pues sujeto a procesos destinados a lograr las características propias del estilo y de la expresividad. Son técnicas que incluyen el agregado de *rubatos*, el fraseado o la extensión de las cadencias. Por lo general, todo este movimiento se realiza sin referencia alguna a la pulsación, sino más bien con una suerte de licencia para la libertad interpretativa. Una libertad nacida del conocimiento del estilo, unida tanto a la investigación histórica, como a la experiencia de la tradición interpretativa. En el caso de los alumnos dotados de un talento natural, que gozan de un sentido interno de la pulsación y del ritmo, el jugar llevando el compás puede funcionar muy bien. Los resultados se equilibrarán debido a que el alumno tiene un sentido rítmico global que puede fluctuar o variar, pero que en ningún caso llegará a ser errático o a caer en excesos tales que destruyan las ideas rítmicas. En el caso de los alumnos cuya percepción rítmica global es más frágil que la de los primeros, el hacer musical suele adolecer de una evidente falta de vitalidad.

A esta carencia se le sumará un control inadecuado del *tempo*, problemas de velocidad y pequeños errores rítmicos que deben corregirse constantemente.

El examen revelador de una débil percepción rítmica subyacente implica la absoluta imposibilidad de contar en voz alta mientras se hace música. Esto significa, en pocas palabras, que no existe un director interno y el resultado es que los cambios de tiempo van dictados en función de las dificultades técnicas y que las licencias interpretativas no tienen límites flexibles.

Desde el punto de vista conceptual, la solución es sencilla. Se trata de aprender a tocar la obra y de cantarla en voz alta. Dado que la manera de contar reflejará todas las decisiones interpretativas, debería planificarse y ejecutarse con el oficio propio de un director. Un mínimo de reflexión será suficiente para comprender la obviedad de que el procedimiento arriba descrito no guarda ninguna relación con la utilización del metrónomo. Cabe señalar que los metrónomos son útiles en aquellos casos relacionados con la cuantificación del *tempo* y a veces, con el control de éste. Sin embargo, no será porque pasemos horas de práctica escuchando los golpecitos del metrónomo que surgirá nuestro maestro interior y, sin su presencia, el control del *tempo* será poco fiable en cualquier presentación donde fluya la adrenalina.

Aprender a tocar y a responder con nuestro propio *tempo* o pulsación flexible se dice fácilmente, pero hacerlo es difícil. Muchas veces, la coordinación técnica de la obra se derrumba completamente con esta interpolación, por más libre que sea. Muchas veces, aprender el proceso hace que nos sintamos ridículos porque no podemos lograr que la secuencia de los números fluya correctamente. En otras ocasiones contamos con irregularidad, y en lugar de seguir la pulsación, seguimos el modelo rítmico. En pocas palabras, estaremos obligados a dedicarle frecuentes periodos al repaso general de la obra y, en cierta manera, a volver a aprender una buena parte de ella.

Sin embargo, una vez que la interpretación se ha reestructurado, las ventajas son casi siempre obvias y espectaculares. Aún dentro del proceso de modificar las relaciones entre los modelos rítmicos y la estructura de la pulsación, la configuración de ésta en sí y la retórica resultante del fluir rítmico se convierten en un conjunto de fuerzas expresivas que hemos rejuvenecido. Entonces somos mucho más conscientes del hecho de que se ha generado un nuevo poder que está revitalizando la música.

Una vez que el procedimiento se lleva a cabo como parte normal de la práctica cotidiana, la capacidad de funcionar como director de sí mismo irá mejorando y, por lo general, rápidamente, transmitiendo no sólo el dominio técnico que buscábamos, sino una ventaja adicional que para algunos puede constituir una agradable sorpresa. Al volver nuestra atención hacia la fuerza que impulsa la música, tendemos a disminuir los esfuerzos conscientes que, para dominar la técnica, realizábamos en previas etapas de aprendizaje. Como resultado, el procedimiento técnico logra mayor fluidez y soltura porque no existe un factor inhibitorio, que ha quedado desechado pues no tiene función alguna. Con frecuencia sentimos con total certeza este movimiento hacia delante y los beneficios técnicos que reporta y parece como si se hubiese producido algún tipo de cura milagrosa de nuestras dificultades técnicas. No es así. Tal liberación no sustituye a una cuidadosa preparación de la técnica, pero puede ayudarnos enormemente a pulir la obra una vez que hemos logrado una sólida preparación.

Adele Marcus decía siempre a los jóvenes pianistas después de una interpretación impresionante de una obra compleja o difícil: «Debes aprender a contar, querido.» Por supuesto, no lo decía con respecto a una imperfección rítmica externa, sino más bien a un lugar interno, ocupado por el director, que se mantenía inhabitado. No cabe duda de que «aprender a contar» es un asunto que nos incumbe a todos.

La conciencia de la armonía

La mayor parte de las obras para teclado de los siglos XVIII y XIX, están construidas sobre la base del sistema armónico que se nos enseña en las habituales clases de teoría de la música. A veces, este sistema puede llegar a ser muy complejo, pero la mayor parte del tiempo su utilización tiende a centrarnos en torno de un núcleo bien conocido de acordes y progresiones que los compositores usan hasta el cansancio en una amplia variedad de formas. Además, el sistema armónico ha elaborado modelos previsibles de modulaciones y tensiones que suelen modificarse de un periodo a otro y que sufren desviaciones sorprendentes o inesperadas en manos de los maestros de la composición.

La medida en la que los intérpretes fortalecen su conciencia de la armonía suele ser indicativa de su destreza para manejarse con los valores técnicos e interpretativos. Hay, en cada uno de nosotros, un nivel residual de conciencia de la armonía. La mayor parte de nosotros «analiza» la música en algún momento del proceso de estudio o, si enseña, explica el esquema armónico a sus alumnos. Si pensamos que tal análisis es irrelevante para la música, lo reducimos a un nivel donde resulta, en general, inoperante. Pero, si ese el conocimiento analítico se convierte en parte integrante del proceso de la memoria auditiva, llega a ser un elemento importante del sistema de apoyo que, por así decir, apuntala y refuerza tanto la ejecución técnica, como la claridad expresiva.

Es difícil determinar donde se encuentra el nivel correcto de conciencia armónica, que, de hecho, suele ser diferente para cada individuo. Seguramente podemos concentrarnos mucho en procesar continuamente una información definida como mecanismo de composición. Las visiones de la magia de las sonatas de Schubert reducidas a series de números romanos resultan horribles para las personas sensibles. Pero al mismo tiempo, el hecho

de cambiar la tonalidad en una tercera menor o la tensión impli-
cada en un acorde de sexta aumentada es parte integrante de esa
magia, si no es que la configura en su totalidad. Reconocer y responder correctamente a este saber puede abrirnos el camino a la
percepción de misterios más sublimes.

La conciencia de la armonía y su utilización podrían compa-
rase con el acto de deletrear un texto. Para escribir correctamente no es necesario saber deletrear de forma impecable. Pero la
sensibilidad a las palabras, a su significado, a su sonido y su utilización, probablemente conduzcan al tipo de aprendizaje constante que, a la postre, traerá como consecuencia la adquisición
de una buena capacidad para deletrear. Más aún, escribir bien
requiere que alguno de los niveles del proceso mental intervenga
en el acto de hacer fluir las palabras con soltura y de reconocer
perfectamente las letras que las componen.

Los alumnos suelen juzgar al examen de nivel de conciencia
armónica que realiza el maestro como un ejercicio curioso. Si el
maestro exige la identificación de la tónica dentro de una sección o el nombre de un acorde alterado con bastante coloración,
se suele responder con cierto tipo de mudo asombro frente al
hecho de que el arduo trabajo de llegar a interpretar bien una
obra maestra, se interrumpa para proponer un test teórico. Es
precisamente aquí, en este punto, donde los maestros deben
intentar describir la relevancia subyacente de este problema
teórico.

Consolidar la conciencia armónica es posiblemente una de
las elaboraciones más lentas del estudio tradicional del piano.
Estudiar los procedimientos de lectura o las técnicas de improvisación ayudará bastante, pero son técnicas que, en caso de
estar incluidas, tienen asignado un espacio complementario en
el programa global de estudios. Los análisis formales también
trabajan en esta misma dirección, pero la información de estos
análisis debe, de alguna manera, incluirse o penetrar, a nivel

subliminal, en los procesos mentales que dan lugar a la interpretación

La conciencia armónica se enruiquece al volver a examinar
el papel del marco armónico y relacionarlo con los puntos expre-
sivos de tensión y de liberación no una vez, sino muchas, en
tanto que ejercicio de interpretación. Además, aprender a reducir la música a sus componentes armónicos subyacentes es una
valiosa fase de estudio que debería cultivarse cuidadosamente.
El proceso debe tener en cuenta el marco armónico principal de
la música, así como la ornamentación. Uno comienza por determinar cual es, en realidad, la unidad armónica fundamental y
cómo la imaginación del compositor la altera, la retarda, crea
tensiones trabajando con elementos inarmónicos. La disonancia
y la consonancia se convierten en fuerzas que reaccionan una
frente a la otra en modos más significativos.

Un ejercicio como éste conduce al domino de la modulación
armónica, que es tan sutil y sensible como lo es el uso de la palabra en el lenguaje. Tal ejercicio dará como resultado, en última
instancia, una mayor comprensión de una de las dimensiones
fundamentales de casi toda la música para teclado y la comprensión, a su vez, que conduce a la seguridad y la autoridad de su
proyección.

Capítulo 4

Técnicas olvidadas

La lectura a primera vista

Bastante se ha escrito acerca de la cuestión de la lectura a primera vista para los estudiantes de piano. Tanto, que podríamos llenar varios volúmenes. Todos nos hemos encontrado alguna vez con pianistas que tocan muy bien obras de gran dificultad –preparadas con sumo cuidado–, pero que cuando se les pide que lean un simple acompañamiento que no conocen se encuentran con un serio problema.

Todos tenemos la obligación de aplicar un sistema de aprendizaje que nos dé la seguridad de que los alumnos con dificultades alcanzarán un nivel satisfactorio de lectura a primera vista. Ante el riesgo de que los esfuerzos para corregir un evidente estado de cosas deplorables resulten en pura frustración, valdrá la pena hacer una reflexión sobre el problema, para comprender mejor a quienes tienen estas dificultades con la lectura.

Como con cualquier otra habilidad, la lectura depende de las aptitudes básicas con las que contemos para su desarrollo. Tenemos la tendencia a juzgar los problemas o dificultades con la lectura como simple producto de la pereza del alumno o de su total indiferencia hacia este proceso de aprendizaje. Y, sin embargo, el hecho es que existen buenos alumnos, incluso dotados de talento musical, que presentan dificultades para la lectura hasta un extremo tal, que les resulta un procedimiento ajeno a la naturaleza de sus propias elaboraciones mentales.

Estos estudiantes suelen tener buenas dotes en otros aspectos. Tal vez posean buena capacidad analítica y tengan grandes facilidades para memorizar. Con frecuencia tienen una buena coordinación física una vez que organizan las imágenes mentales necesarias para despertar la respuesta neuromuscular. Y, en verdad, puesto que trabajan mejor una vez que han podido transferir la música de la página escrita a algún conjunto de imágenes equivalentes que les crean seguridad, aún en el caso de estar sometidos a presión, suelen ser intérpretes muy serios, siempre que estos operen dentro de los límites de su propia forma de funcionamiento.

En este contexto, no deja de ser tentador agregar que aquellos que tienen grandes facilidades para la lectura suelen tener tendencia a impacientarse frente a los detalles del trabajo. Además, no les resulta fácil elaborar el proceso mental que internaliza a la música y a veces se sienten inseguros en cualquier situación donde deban participar en una presentación sin tener la partitura mano. Estas observaciones abundan en excepciones y no intentan abarcar toda la gama de valoraciones acerca de las capacidades de lectura. La base, por supuesto, es simplemente que los individuos son distintos y, como tales, están dotados de distintas aptitudes.

Incorporar la lectura a primera vista como parte normal de la enseñanza en los niveles de principiantes hará su camino a fin de reforzar las capacidades de lectura de todos los alumnos. Esto es independiente del hecho de que dichos alumnos tengan o no, talento en este aspecto musical. De hecho, esta capacidad no siempre está presente en los estudiantes y los maestros nos encontramos muy a menudo con alumnos que tienen dificultades. Algunos de ellos carecen de habilidades natas para este tipo de elaboración, pero gracias al trabajo realizado han podido avanzar bien por encima de los niveles elementales. Como maestros, necesitamos hacer extensiva la misma paciencia y comprensión con la que tratamos a los estudiantes que tienen dificultades en otras áreas musicales, a los alumnos que no tienen aptitudes para leer música a primera vista. Ahora bien, antes de que todos hagamos un gesto asintiendo con la cabeza por lo que parece ser una perfecta perogrullada, me permitiré hacer algunas observaciones personales, desde el punto de vista de alguien que no gozó de los beneficios de tener una guía para lograr el hábito de la lectura desde sus épocas de principiante. Alguien que, intentando corregir sus deficiencias de lectura, ha sido víctima de muchos consejos, con frecuencia contradictorios.

A quienes tienen problemas de lectura se les dice que deben leer a diario pues de esa manera conseguirán solventar las dificultades poco a poco. No es así. Tratar de leer cada día puede constituir una experiencia frustrante que sólo serviría para agudizar el sufrimiento del alumno con dificultades al constatar una y otra vez su errónea percepción de los ritmos y de las notas.

«Reúnete con otros para leer en grupo» se aconseja, con lo que sólo logramos continuar cometiendo los mismos errores. «Seguir adelante» suele acabar en una desorientación total, pues, frente a la inutilidad del método y el fracaso constante, sólo quedan la impotencia y la parálisis. Llegados a este punto, la incapacidad para solventar las dificultades provoca que uno se sienta, además, avergonzado delante de sus compañeros. Se nos dice que no debemos mirar jamás el teclado para garantizar un

contacto constante con el fluir de la música a medida que la lee-
mos, pero es una solución que provocará incomodidad y tensión
en los intérpretes de teclado cuya percepción del espacio está
vinculada al control visual.

La insistencia y el afán de aplicar todos estos sistemas crea-
rán, a la larga, un tipo de mentalidad de «descifrador». Sólo se
consigue una gran facilidad para empeorar atrozmente la lectura
de las partituras más difíciles y para seguir aceptando, como
inevitable, una dosis de imprecisión que es totalmente ajena al
verdadero temperamento musical y a la formación de un músico.
La persistencia sobre este tipo de ejercicios puede acabar en
una reacción psicológica donde se creará una aversión hacia
todo este proceso gracias a la constante presencia del sentimiento de humillación y de inutilidad que paulatinamente se va
creando.

En resumen, ninguna de estas panaceas funcionó en mi caso.
Por fin, llegó un momento donde las cosas cambiaron. Fue cuando me vi en la necesidad de encontrar medidas para evitar que
mis propios alumnos con dificultades de lectura cayeran en las
mismas pautas de conducta que yo había sufrido durante años.
Analicé a fondo mis problemas y dificultades y me pregunté por
las causas. A medida que surgieron las respuestas encontré soluciones, por lo menos, soluciones válidas para mí.

Mi inclinación natural, me dije, es tratar de eludir los acci-
dentes y avatares debidos a mi carencia de aptitudes para la lectura. Por tanto, pensé, debo encontrar una manera con la que me
sienta cómodo mientras controlo al mismo tiempo todos los elementos en juego: las posiciones en el teclado, el ritmo, tocar
todas las notas con el tiempo preciso, leer la partitura con soltura
y sin tensiones. Encontré la manera de solventar mi problema al
comprender que si quería conseguirlo, debía volver a empezar un
aprendizaje de nivel elemental. Decidí hacer la prueba y me
puse manos a la obra.

Me pasé todo un verano haciendo lectura de los mejores métodos y composiciones para piano de nivel elemental. Aprendí una gran cantidad de partituras y por primera vez en mi vida, me divertí leyéndolas. Luego de trabajar con los libros para principiantes, pasé al nivel 1 durante varias semanas y leí toda la gama de música que tenía a mi disposición. Luego pasé al nivel 2 y así sucesivamente.

Aprendí a leer del mismo modo que había aprendido a tocar el instrumento. Pero esta vez, contaba con una técnica pianística para interpretar las partituras, de modo que no era un problema a resolver o que me preocupase. Ahora podía dominar las técnicas necesarias para convertirme en un buen lector, técnicas que para mí, no eran tan naturales como otras que había elaborado en el pasado. Ahora era un buen lector a primera vista —de partituras y temas muy sencillos, por supuesto—, pero el hacer musical no era de calidad inferior a la aceptable ni me llevaba a caer en una falta de control en beneficio de una facilidad de lectura. Podía seguir respetándome como músico y, por tanto, disfrutaba de esta elaboración.

Desde aquel verano, he utilizado con buenos resultados este procedimiento aplicándolo a los alumnos que no leían bien. Cierto es que la conclusión del relato de esta experiencia no es que mis alumnos y yo nos hemos convertido en extraordinarios lectores, capaces de hacer frente a complejas estructuras musicales con serenidad y aplomo. Esas son situaciones que pertenecen al domino de los músicos con grandes aptitudes para leer, que contaron con maestros que, desde un principio, guiaron sus pasos y lograron desarrollar felizmente su talento para una técnica magnífica y de hecho, de gran utilidad. Sin embargo, como muchos músicos, mis alumnos y yo hemos logrado leer con bastante corrección después de trabajar con ahínco dentro de los límites de parámetros escogidos cuidadosamente. En ese sentido, seguimos trabajando y mejorando.

La música de cámara o de conjunto

Veamos una de las razones por las que en el caso de los pianistas, el tocar música en cámara sigue relegada a un plano secundario, con una ciudadanía de segunda clase. Los estudiantes no suelen escuchar con la misma frecuencia las obras para música de cámara o instrumentales que las obras para solista. Sin embargo, en la música de cámara encontramos algunas de las expresiones más gloriosas del arte occidental. Consideremos el número de veces que en sus primeros años de estudio, un alumno podría tener oportunidad de escuchar por ejemplo, la *Appassionata*, esa famosa sonata de Beethoven. Es una obra que, para empezar, pueden estar estudiando sus compañeros, puede escucharse en los concursos, en las interpretaciones de artistas célebres o en los recitales de piano. Muy pronto, la obra resulta tan familiar que el alumno se siente motivado y quiere aprender tocarla, quiere que forme parte de su repertorio. Consideremos el número de veces que el mismo alumno tendría la posibilidad de escuchar el trío *Archiduque*, una obra, que en su género, es tan famosa como la mencionada anteriormente. La respuesta es obvia, así como la motivación para aprender la obra que se despierta en el alumno.

Por tanto, si queremos estimular en nuestros estudiantes el deseo de hacer música de cámara, tendremos que hacer lo necesario para que la interpretación de estas obras esté más integrada dentro de la estructura de las actividades académicas. ¿Con qué frecuencia invitamos a un instrumentista o un cantante a los recitales de piano de nuestros alumnos a fin de que presente obras apropiadas para que todos puedan participar? ¿Cuántos concursos destinados al nivel de estudiantes se estructuran para música de cámara, comparados con la cantidad de veces que el pianista cumple el papel de acompañante sin que su contribución merezca reconocimiento? ¿Cuánto ensayos de música de cámara tuvieron lugar en nuestros estudios el año pasado? ¿Cuántas lecciones hemos dedicado a los problemas presentes en las partituras de un proyecto de música de cámara? En resumen, hasta que nosotros, los maestros, no cambiemos nuestra cotidiana manera de funcionar con respecto al hacer musical de un grupo, no podremos esperar que se produzca un cambio en la actitud de nuestros alumnos. Tampoco esperemos que, en ese sentido, su desarrollo culmine ofreciendo un perfil muy distinto del que tanto deploramos.

Otro aspecto de la resistencia de nuestros alumnos a participar en el hacer musical de un conjunto apunta a la manera en que, con frecuencia, se juzgan los mayores esfuerzos de un pianista, tanto por parte de sus compañeros como de nuestros colegas. Como prólogo y antes de proseguir con este asunto, hemos de reconocer que, de hecho, no todo el hacer musical en el que un pianista está llamado a participar es verdaderamente de grupo. No siempre responde al concepto en tanto que aporte de igual o equivalente valor a la de los otros miembros del grupo. Es obvio que algunas partes del piano son, a todas luces, simples acompañamientos. Algunas son arreglos instrumentales que, por lo general, aunque sean técnicamente difíciles y exigentes, se tiende a juzgarlas sólo como apoyo para una determinada parte solista. Algunos acompañamientos de canciones únicamente ofrecen un sencillo apoyo homofónico para el cantante.

Tanto los demás músicos presentes, como el preparador, suelen mirar al pianista que participa en la obra como una especie de herramienta cuya tarea es interpretar siguiendo las directivas que se le den, cualesquiera que estas sean. La mayor parte de las veces, no se le solicita al pianista que proponga una idea musical y, por lo general, jamás se le consulta en cuanto al *tempo*, la construcción de una frase, los niveles dinámicos, los retardos o el equilibrio. Al pianista se le indica cuando debe «tocar» y cuando debe dejar que los demás brillen. La mayoría de los músicos de cámara veteranos y los maestros preparadores vocales, actúan como si el pianista careciera en absoluto de ideas creativas. Si dicho pianista aventura una opinión, en el fondo siempre se asume que la obra considerada no es, después de todo, para piano y que los «veteranos» de la música de cámara saben mucho mejor lo que hay que hacer y expresar. Esta situación se hace extensiva incluso al problema de la viabilidad técnica de muchos pasajes, en los que se exige a los pianistas que se adapten a las necesidades instrumentales o vocales para facilitar la ejecución en general. Pero, la situación inversa no se produce prácticamente jamás. Las dificultades de los pianistas se suelen considerar como una deficiencia técnica, de talento o de falta de dedicación a la práctica.

Las tradiciones de la música de cámara tienen tendencia a excluir al pianista del papel primordial de determinar el concepto global o el efecto musical. Existen notables excepciones. Un preparador vocal o un acompañante tiene, por definición, una fuerte influencia en la configuración del contenido musical básico de una interpretación. Dentro del marco académico, es el pianista quien suele ser responsable de responder a las exigencias de un recital y quien, en virtud de los parámetros del ejercicio, debe actuar como guía musical de la presentación. Pero a menos que las reglas de juego se hayan establecido claramente, el pianista es la última persona a la que se le pide ocuparse de la dirección musical del grupo o conjunto.

Todas estas circunstancias suman un cúmulo de experiencias poco gratas para el estudiante de piano, experiencias que, a veces, son directamente degradantes. Cabe señalar que muchos los pianistas abordan el hacer musical de grupo con una actitud totalmente opuesta a la de superioridad antes descrita. Por tanto, para ellos sería realmente un gran placer que, de vez en cuando, se les tuviera en cuenta como verdaderos colaboradores y no como obedientes acompañantes. Sería un cambio de posición más que deseable, sobre todo en el caso de las obras que, implícitamente, suponen una verdadera colaboración y por lo menos en una medida razonable, en el de las obras más orientadas hacia el trabajo del solista. Como maestros y músicos necesitamos dar todo nuestro apoyo al trabajo de grupo y transmitir este sentimiento a nuestros alumnos, porque las gratificaciones resultantes en el ámbito del hacer musical, son incomparables. También necesitamos dar los pasos necesarios para asegurarnos que la experiencia de hacer música participando en un grupo sea realmente de grupo.

La improvisación

El arte de improvisar es un aspecto bastante extraordinario de la técnica de interpretación del piano. Un arte que en épocas pasadas fuera considerado parte integrante de la profesión de músico. No obstante, hoy en día ha desaparecido del escenario de la experiencia de muchos pianistas. Con toda probabilidad, las primeras obras compuestas *específicamente* para instrumentos de teclado fueron improvisaciones para el servicio del culto religioso que más tarde se llevaron al papel. En los grandes concursos del pasado y, en varias ocasiones, por exigencia de un sentimiento de dignidad propio de los grades músicos, una parte integral de la prueba consistía en demostrar la capacidad de improvisación. También es muy probable que Mozart improvisara sus primeras seis sonatas, tocándolas primero en público para luego hacer su notación. Los grandes virtuosos de mediados del siglo diecinueve embelesaban y deleitaban a su público, improvisando, sobre la base de aires populares en boga, en el momento. Por tanto, la improvisación floreció como práctica, desde el principio mismo de la existencia de la música para teclado, hasta finales del siglo xix.

¿Qué sucedió?

Pocos años después del nacimiento del siglo veinte, parece como si una plaga hubiera asolado la profesión, eliminado todo tipo de improvisaciones desde el punto de vista de la continuidad de una tradición. Surge allí una nueva generación de pianistas que se dedicaban a estudiar los aspectos de la corrección estilística del pasado, que desarrollaban magníficas proezas técnicas, que interpretaban un amplio repertorio, que se aventuraban en el ámbito de obras poco conocidas del pasado. Una generación que incluso, interpretaban con cautela parte de las obras de su propia época, pero que mostraban, abiertamente, una ausencia de interés por revitalizar el campo de la improvisación.

Es bastante curioso que el nacimiento de un nuevo tipo de música haya producido un espontáneo resurgir de este viejo arte. Un resurgir que se produce entre fines del diecinueve y principios del veinte en Nueva Orleans y que es parte integrante del Dixieland y que se desarrolla a lo largo de cuatro décadas bajo el nombre de jazz. Y, aunque durante las dos últimas décadas ha sido reemplazado parcialmente por la notación y alterado por la tecnología, sigue constituyendo el núcleo mismo de este movimiento.

Pero la improvisación al piano vuelve a languidecer fuera de los límites del campo del jazz. Si uno especula acerca de las razones de esta repentina degradación, se sorprende al comprobar que la improvisación desapareció en un momento histórico en el que no necesariamente se exigía que los compositores hicieran gala de una gran habilidad interpretativa. En cuanto a los intérpretes, tampoco eran, por lo general, compositores. No obstante, esta identidad dual es vital para improvisar porque, después de todo, la improvisación supone un proceso creativo. Un proceso en el que interpretación y creación se producen simultáneamente.

Uno podría señalar el hecho de que muchos de los medios de composición utilizados durante el siglo veinte han adquirido tal grado de complejidad, que hacen ardua la tarea de improvisar con soltura. Tal argumento es, no obstante, sospechoso, aunque no lo es más si tenemos en cuenta a los grandes pianistas de jazz que han utilizado muchas de estas complejas técnicas de composición durante las décadas pasadas. Cierto es que, tal vez, las utilizaron en una forma más reducida o diluida que en la música escrita, pero, esa es justamente la naturaleza de la improvisación. Más aún, aunque los medios técnicos puedan ser muy básicos, la mayor parte de los compositores aún tienen la sensación de que la idea musical es importante y que la improvisación, un arte basado en poner en juego un oído que trabaja activamente, podría bien ocuparse de concebir la idea en primer lugar, dejando que los medios terminen el trabajo.

Las razones que explican la desaparición de la improvisación van más allá del interés académico, porque podrían ser las mismas razones subyacentes a la ruptura de la comunicación entre el compositor y el intérprete. La improvisación siguió tradicionalmente el estilo de su época y, con frecuencia, fue un verdadero taller de experimentación para los compositores. La utilizaron, no sólo para perfeccionar sus propias ideas (que a continuación desarrollaban y escribían), sino también para poner sus nuevos conceptos en contacto con el público y, hasta un cierto punto, condicionar su escucha. Sería lógico asumir que la audiencia vienesa que escuchaba improvisar a Beethoven periódicamente en las veladas musicales, tuviera la posibilidad de ser la primera en tomar nota de las «novedades» de las obras que por entonces escribía.

Una vez analizado el papel histórico de la improvisación, así como su función como medio de difundir la música contemporánea, sería prudente que empezáramos a revisar los componentes de este aspecto de la interpretación pianística y ver si podemos restablecer su importancia, en tanto que técnica indispensable para el pianista. Su estado de inexistencia puede comprobarse

fácilmente. Primero, por el hecho de que haya tan pocos pianistas profesionales que improvisen con soltura, a excepción del
campo del jazz. Segundo, el que haya tantos alumnos de piano
formados tradicionalmente, que se quedan prácticamente petrifi-
cados frente a la idea de sentarse al instrumento e inventar algo.

¿Por donde empezamos? Bueno, existe un material excelente
con libros de instrucciones y ejercicios que intentan fomentarla,
sea que trabajen con estilos tradicionales o con los de jazz. Estos
pueden ser útiles, pero con el tiempo, de alguna manera tendremos que liberarnos de la idea de improvisar sólo dentro de los
límites de los ejercicios, los deberes y la disciplina de estudio.
Junto con las técnicas que ofrece el material musical, debe existir algo de tiempo para «jugar». Descubrir un sonido –no sé lo
que es, pero seguro que me sale– disfrutar de un ritmo contagioso, desarrollar un contrapunto figurado con cierta soltura y ligereza, ida y vuelta con las dos manos o dos intérpretes simultáne-
os. En resumen, disfrutar en todo momento del instrumento todo
lo que podamos.

Los pianistas con gran oficio que deciden improvisar, siempre se desconciertan porque el sonido que resulta les parece
demasiado débil. Sus ideas musicales suenan trilladas, es imposible mantener la fluidez y sus oídos les dicen que les falta un
largo camino para recorrer si quieren que les salga un sonido tan
bueno –salvando las distancias estilísticas– como el que consigue el pianista de un bar nocturno, cuyo oficio es improvisar
todas las noches. Esta ineptitud da como resultado un total aban-
dono de la idea de desarrollar una técnica de improvisación.

No obstante, debemos recordar varias cosas. La improvisación comienza por una idea y cada idea tiene sus propios parámetros. Se trata de aprender a aferrarse a una pequeña idea,
modificando mínimamente un parámetro para empezar y luego
pasar al siguiente. En las primeras etapas de aprendizaje, no hay
que tratar de cambiar más de un aspecto por vez. Si un motivo de

cinco notas tiene un patrón melódico determinado, lo mejor es cambiarlo, pero dejar la armonía y el ritmo intactos. Luego se cambia de ritmo usando la armonía y las líneas melódicas básicas tal como son. Luego se juega con la armonía en la versión que nos parece más familiar y que nos resulta cómoda. Más tarde, una vez agotadas todas las posibilidades que pasan fácilmente por nuestra mente, trataremos de cambiar más de un parámetro simultáneamente.

Si uno comienza a sentir hastío de las melodías que acentúan sólo los tonos de una armonía básica, será necesario tratar de construir *appoggiaturas* o trabajar disonancias más agudas o puntos armónicos fuertes. Hay que recordar lo que funciona bien así como lo que no funciona. Si nos aburrimos con modelos rítmicos que parecen muy triviales, trabajemos con sincopados. Si nuestra creatividad armónica inicial parece basarse en las tónicas, subdominantes y dominantes, tratemos de modular, de utilizar acordes alterados, o de añadir séptimas o novenas o trecenas a la armonía, seleccionando las tríadas e intervalos de ordenación que personalmente nos interesen.

«Pero», me diréis «eso no es realmente improvisación, es sólo combinar la forma y la variación con elementos teóricos bastante tradicionales, que presentan todo tipo de limitaciones.» La respuesta es, por supuesto, que el arte de la improvisación no es más que una variación hecha sobre la marcha, con modelos y materiales que el improvisador conoce perfectamente y tiene bien aprendidos. No importa el grado de libertad o el hilo de inspiración que pueda surgir, siempre existe un conjunto de líneas de base que guían el desarrollo. La impresión de libertad se produce cuando la desviación improvisada de aquellas líneas básicas es tan hábil, que da como resultado una suerte de ilusión o de ilusorio fluir de la música. Los magos se ocupan de esta capacidad para crear ilusiones y su magia también nace de la disciplina y de la práctica.

De modo que hay que resistirse al desaliento que surge a partir de la incapacidad inicial. Es lo mismo que aprender a andar en bicicleta. Uno sufre hasta que aprende a mantenerse en equilibrio. Claro que para aprender a guardar ese equilibrio, es necesario tener la voluntad y el coraje de soportar varias caídas, sabiendo que, previsiblemente, no hay ningún peligro de sufrir daños irreparables. Es así, hay que superar y soportar la etapa en la que nos tambaleamos y caemos, porque después, sólo tenemos que mirar el camino que tenemos delante y la aventura que nos promete.

Segunda Parte

Estudios para virtuosos

Capítulo 5

Ejercicios complementarios

La organización del horario de estudio

Por lo general, estamos de acuerdo con el viejo y conocido proverbio que dice «obras son amores, que no buenas razones». Es evidente que podemos encontrar muchas maneras de aplicar este proverbio a la manera de trabajar de nuestros alumnos. Tenemos la esperanza de que los buenos alumnos nos demuestren la importancia de la música y de los estudios pertinentes en sus actitudes y, hasta cierto punto, en su manera de vivir. Las promesas no sirven de gran cosa y las buenas intenciones terminan por convertirse en una fuente de disgustos si no vienen respaldadas por un esfuerzo concreto.

Pero cabe preguntarse qué pasaría si invirtiéramos el punto de vista de nuestra perspectiva y nos pusiéramos durante un momento en el lugar del alumno. Un alumno que examina la forma de vivir de su maestro y la importancia que en ella ocupan sus objetivos musicales. ¿Sería el maestro un modelo de perfección? Me temo que puestos en ese lugar, la mayoría de nosotros tendría que reconocer inmediatamente que está lejos de ser perfecto. También nos disculparíamos con el argumento de que la falta de tiempo nos impide dedicarle la necesaria y obligada atención a nuestro trabajo pianístico. Después de todo, tenemos muchas obligaciones y compromisos. La enseñanza, la familia, la casa, tal vez otro empleo o bien, deberes sociales o cívicos. La lista podría ser interminable. Sin embargo, si queremos realizar nuestro propio potencial musical, de alguna manera tenemos que abrirnos paso a través de este cúmulo de responsabilidades adultas y encontrar tiempo para estudiar, crecer, practicar e incluso para reflexionar. Si no lo hacemos, no sólo nos traicionamos a nosotros mismos, sino que también traicionamos a nuestros discípulos.

Hay que recordar que el mundo del niño, como el del adolescente o el del joven adulto, es tan complejo y lleno de obligaciones como el nuestro. Es fácil cometer el error de hacer una simplificación brutal en nuestra visión del mundo de los jóvenes porque, desde nuestra perspectiva de adultos, las consecuencias de sus actos o de sus omisiones nos resultan poco importantes. Pero si nos detenemos un instante y hacemos memoria, comprenderemos que las responsabilidades escolares son tan importantes desde el punto de vista del estudiante, como las del trabajo de un adulto, sea un trabajo para ganarse la vida o para cuidar de su hogar. Es probable incluso, que el joven se sienta mucho más presionado socialmente que el adulto, en la medida que todavía vive una etapa en la que no sólo debe aprender a vivir y ubicarse en su mundo, sino que, simultáneamente, también tiene que manejarse en el mundo de los adultos.

Una vez que comprendemos la complejidad de la vida de nuestros alumnos estamos en condiciones de hacer una reflexión. Si nosotros no hemos resuelto un problema en nuestras vidas, no podemos exigir a nuestros alumnos que lo hagan. Es decir, si en tanto que maestros no hemos logrado encontrar tiempo para trabajar en nuestro arte por que tenemos una vida llena de obligaciones y no nos concedemos tiempo para tocar el piano.

No sólo no resolvemos el problema, sino que damos un triste ejemplo de alguien que ostensiblemente debe representar el concepto de la integración del hacer musical como parte de su manera de vivir, pero que de alguna manera es incapaz de concretarlo en la realidad.

Bien, puede que esto se viva como un juicio crítico bastante feroz. Después de todo, uno consigue cumplir con lo que aparentemente son los deberes necesarios del cotidiano vivir y al terminar su día, quizás le queden cuarenta y cinco minutos libres después de cenar. No hace falta mencionar el estado de agotamiento que nos demuestra que ya no somos tan jóvenes como antes y que, si a pesar de todo, en esas condiciones uno forzase el estudio del piano, el cansancio le impediría hacer un trabajo correcto. Es bastante cierto, pero quizá ha llegado el momento de sentarnos, revisar nuestra manera de vivir y hacernos unas preguntas cuyas respuestas nos ayuden a solventar este problema.

Es obvio que las respuestas surgirán de la consideración de nuestra propia situación personal, y que, por supuesto, son respuestas absolutamente individuales. Lo que es bueno para uno, no es y no tiene porqué serlo para el otro. Pero podemos confortarnos sabiendo que la mayoría de nosotros pasa por esta situación en algún momento de su vida y que no estamos solos. Aun aquellos que parecen realizar su trabajo metódicamente sienten, en ocasiones, como si la vida hubiera arbitrado todos los medios para ir contra ellos y se sumen en la aridez.

Llegados a este punto, podríamos preguntarnos cuales son los elementos que podrían servirnos como catalizadores para volver a comenzar la andadura. Una de las cosas de gran utilidad para muchos músicos, es comenzar a pensar directamente en las obras musicales. Aquella que uno siempre quiso aprender, o la que dejó de lado sin terminar, o un ejercicio técnico de rutina que se dejó de lado en algún momento. También puede ser el placer de hacer música de cámara con el amigo que alguna vez propuso que trabajaran juntos, o buscar material didáctico que uno no domina muy bien y hacer una lectura a primera vista. O también, improvisar usando esas progresiones de acordes que uno enseña, para poder mostrar en la práctica cómo deberían interpretarse y lo que debería hacerse con ellas.

En algunos casos, aquello que nos entusiasme será también rejuvenecedor y nos proporcionará energía y vitalidad aún a altas horas de la noche. En otros, una vez descubierto su interés, habrá que reorganizar los horarios de trabajo. Si se trata de una persona que no trabaja bien de noche, tendrá que optar por llevar a cabo durante esas horas libres una tarea distinta, de rutina, que normalmente hace en otros momentos del día y que no exige el grado de concentración propio del hacer musical. Un cambio inteligente puede proporcionarnos un espacio de tiempo libre para la música a una hora más adecuada.

Si la reorganización del horario no funciona, quizá estaremos obligados a elegir. Muchos somos los que, como maestros, tenemos experiencia en señalar a los alumnos circunstancias en apariencia despiadadas en lo que respecta a la música. Por ejemplo, para poder disponer del tiempo necesario para progresar en este arte tan exigente, deben eliminarse o reducirse considerablemente otras actividades. Son argumentos que utilizamos con los alumnos y, a veces, con sus padres. Sin embargo, en ocasiones nosotros mismos nos permitimos, temporalmente, creer que podemos escapar a las consecuencias de no actuar en armonía con lo que pensamos y afirmamos.

Si hay que escoger, sólo uno mismo, individualmente, puede hacerlo. Si realmente nuestra vida está tan estructurada en función de otras responsabilidades que es imposible tener tiempo para continuar a crecer como músico, que así sea. Por lo menos, al enfrentar la situación directamente nos sentiremos aliviados y tendremos las cosas más claras. De este modo, sólo tendremos que soportar la frustración resultante de la imposibilidad de dedicarnos al piano, con la esperanza de que el futuro nos aporte cambios que mejoren la situación. Es una frustración típica de las personas que tienen que soportar periodos confinados en determinados ambientes. Por ejemplo, los que trabajan en hospitales o hacen el servicio militar.

Otra posibilidad es que simplemente se trate del ritmo de vida que llevamos o que estamos atrapados por una vida social seductora, en la que participamos en actividades que no son tan importantes para uno como el hacer musical. Entonces, se puede elegir. Es más, no sólo se puede, sino que se debe elegir y cuanto antes, mejor. Es una elección personal, que cada uno de nosotros debe juzgar por sí mismo, según sus circunstancias.

Finalmente, si uno es una de esas personas que tiene la suerte de encontrar un poco de tiempo para su hacer musical, hay algo más a tener muy en cuenta. Por encima de todo, nunca debería escuchar la voz de la trivialidad y la inutilidad. Si escuchamos el susurro de esa voz diciéndonos que no seremos capaces de llevar adelante nuestro nuevo programa de trabajo, la respuesta vendrá de la comprensión de que todo programa de trabajo está sujeto a constante renovación. No es tanto una cuestión de pérdida de fuerzas. Eso nos pasa a todos. La cuestión está en ponerse manos a la obra y comenzar de nuevo una y otra vez. Si se hace, a largo plazo nos encontraremos con que tenemos realmente una vida musical creativa, en la que se observan progresos y en la que los objetivos se alcanzan. Y como maestros, resolveremos directamente los problemas relativos a mantener el hacer musical como parte activa de nuestras propias vidas. A su vez, esta posición nos dará frente a los alumnos más autoridad que la resultante del mero hablar. «Obras son amores...»

El fortalecimiento de las áreas débiles

Cuanta mayor sea nuestra experiencia pedagógica y musical, mayor debería ser nuestra tendencia a perfeccionar nuestras especialidades. Perfeccionar lo que ya hacemos bien, ahondar en el terreno de las especialidades con las que, a lo largo de los años, hemos identificado nuestro trabajo, asumir una actitud de autoridad dentro de nuestro campo.

No cabe poner en duda la eficacia de todo esto. Puede que nos consideremos unos maestros excelentes, o intérpretes especializados en un cierto segmento de la literatura instrumental (sea Bach, o Schuber o los impresionistas franceses). Tal vez estemos especializados en un determinado tipo de actividad (enseñanza a principiantes o al desarrollo de alumnos de gran talento que aún son alumnos de enseñanza secundaria o hacer música de cámara). En cualquier caso, la mayoría de nosotros sabe cual es su punto fuerte, donde su interés adquiere mayor brillo, y con toda seguridad, conocemos muy bien el camino a seguir para desarrollar nuestros talentos al máximo.

Sin embargo, hay un aspecto de nuestro propio desarrollo que suele descuidarse a medida que pasamos años y años trabajando en la especialidad. Es un aspecto que se vincula a un tipo de experiencia que quizá no hemos vuelto a vivir desde nuestros años de estudiante. Nace de la vivencia de ese aprendizaje en el que uno encuentra una resistencia tal, como para sentirse bastante incómodo.

Es un principio operativo que observamos a nuestro alrededor. Sabemos en qué *grado* su eficacia es de importancia vital. Podamos nuestras plantas para darles forma y estimular un crecimiento frondoso, pero nunca tanto como para dañarlas. Hacemos ejercicio físico para construirnos una musculatura, traumatizando en parte nuestros tejidos, de modo que se renueven y tengan mayor fuerza. Pero si lo hacemos muy rápido o exageramos en la fuerza que utilizamos, podemos dañarlos.

Para llevar este concepto a nuestro campo, habrá que averiguar lo que sucedió en nuestra época de estudiantes. Recordar si alguna vez atravesamos un periodo de tiempo en el que nos sentimos muy incómodos o bastante inseguros o algo traumatizados mientras tomábamos una serie de lecciones de música o hacíamos un curso. Pero, además, un periodo en el que aprendimos mucho o tuvimos un desarrollo de espectacular rapidez o logramos un nivel de disciplina que hasta entonces nos era completamente desconocido. Más tarde, desde la privilegiada perspectiva que otorga la madurez, hemos aceptado que, aunque fue una época infernal, los beneficios que logramos a largo plazo justifican y desdramatizan todo aquel sufrimiento.

En este contexto, no olvidemos que un buen número de maestros de renombre se ha ganado la reputación de ser no sólo «exigentes» sino también directamente desagradables con los alumnos que no les interesan, creando, por tanto, una situación que perturba a dichos alumnos. En realidad, algunos maestros están absolutamente convencidos de que deben ser muy exigentes con algunos alumnos, presionándolos hasta que alcanzan un punto psicológico en el que surge una necesidad ineludible de cumplir con su propósito. Es decir, que hay un único deseo: el de aprender, poner en práctica la autodisciplina y conseguir la aprobación del maestro. Es un procedimiento muy aceptado en otros campos del aprendizaje, en particular en los destinados a alumnos «nuevos». Es el caso de los principiantes de las academias militares, de los que entran en ciertas logias, de las novicias en las órdenes religiosas, de los novatos de los equipos deportivos e incluso de los alumnos de primer año de algunas universidades.

La medida en la que, como maestros, adoptemos dicho método depende de diversos factores. Para empezar, las propias ideas filosóficas de base y la edad promedio de los alumnos que tengamos a nuestro cargo. Luego, la motivación y los objetivos de dichos estudiantes y la sensibilidad de cada alumno. Pero por último y no por eso menos importante, está nuestra propia inclinación hacia el hecho de aplicar o no la presión necesaria. Si vamos a incorporar esta técnica a nuestros métodos de enseñanza, debemos estar preparados para considerarla como un procedimiento de alto voltaje, extremamente eficaz si se utiliza correctamente, pero que puede ser peligrosa.

Lo importante de esta reflexión no es, sin embargo, examinar la conveniencia de utilizar esta herramienta pedagógica, sino más bien preguntarnos si, para nosotros mismos, después de años de actividad profesional confortable, enfrentarnos a un tema en el que sentimos relativa inseguridad, resultaría una experiencia de aprendizaje válida, dando lugar a un periodo de fuerte desarrollo. Probablemente sí, siempre y cuando seamos capaces de estar a la altura de las circunstancias y de soportar la tensión.

¿Cómo sería esta experiencia en la práctica? Bien, es obvio que la respuesta a esta pregunta depende de cada persona. Para algunos de nosotros, el simple hecho de interpretar en el recital de nuestros propios alumnos sería suficiente. O quizá, pedirle a una persona respetada por su autoridad que emita un juicio crítico, sea sobre nuestra manera de enseñar o, de interpretar. Para otros, lo mejor sería atacar las áreas difíciles de desarrollo que no sólo son sus puntos débiles, sino que siempre se vivieron con dificultad. Si la lectura a «primera vista» es deficiente, se puede crear una situación en la que estemos obligados a leer. Si nuestro oído no es el mejor, buscar clases de entrenamiento auditivo en las que saldrá a la luz nuestra «bestia negra». Si no sabemos improvisar, una buena idea será unirse a un grupo donde haya apoyo y supervisión y donde uno tenga que improvisar para los otros y viceversa. Sí, puede que implique exponer a otros nuestros más empobrecidos impulsos creativos y también exponerlos a sus críticas, pero también implicará el hecho de que estaremos obligados a comenzar a pensar musicalmente de una manera completamente nueva.

¿Algún periodo musical en especial nos crea incomodidad? Habrá que aprender música de ese periodo y tocarla para los amigos. ¿Problemas para memorizar? Hacer un estudio especial del tema y tocar regularmente de memoria.

Esta lista de actividades sólo puede crearla cada uno de nosotros porque cada uno tiene sus propias necesidades. Lo importante, al planificar la actividad profesional, es ahondar en aquellas áreas en las que uno siente inseguridad. Y, dentro de lo razonable, presionar sobre los aspectos débiles o poco desarrollados, aun si con eso surge un sentimiento temporal de incapacidad, inseguridad y la sensación de estar muy expuestos. No sólo será posible estimular el propio crecimiento personal más allá de los límites habituales, sino que sacará a la luz las propias vivencias con respecto a la frustración que a veces produce el proceso de aprendizaje. El hecho de renovar esta experiencia, aunque sea desagradable, nos dará a su vez una mayor comprensión de los golpes y las dificultades que nuestros propios alumnos deben afrontar. Porque nosotros hemos olvidado lo que se siente en esas situaciones. Es un olvido resultante de años de cómoda actividad profesional. El ponernos literalmente en una posición vulnerable durante un tiempo, puede dar como resultado una valiosa comprensión que nos permitirá compartir psicológicamente los esfuerzos con nuestros alumnos, manteniendo cada uno su nivel.

El inventario

Una de las tareas de mayor dificultad para un maestro surge en los periodos que llamaré de inventario. De vez en cuando somos muchos los maestros que sentimos la necesidad de tomar distancias de nuestro trabajo en la enseñanza, para tener una visión general de nuestra andadura. Con suerte, a partir de ese proceso lograremos replantearnos muchas cosas y perfeccionar algunos aspectos de nuestra labor. Dado que la enseñanza es una actividad donde todo nuestro ser está comprometido, es factible que este examen detenido llegue a ser de extrema dificultad. Si tomamos demasiada conciencia de nuestras carencias, correremos el riesgo de acomplejarnos. Si somos demasiado autocríticos, bloquearemos nuestras mejores ideas. Y, sin embargo, es necesario hacer algún tipo de autoevaluación, porque, de lo contrario, nos privamos de una de las fuentes más potentes para estimular nuestro desarrollo y crecimiento personales. Para que este procedimiento de introspección funcione correctamente, necesitamos elaborar técnicas de percepción que sean, de alguna manera, indirectas. Necesitamos poner en juego toda nuestra intuición para detectar ese modo operativo que nos permitirá hacer el trabajo sin que nos paralicemos por el brillo deslumbrador de la luz de la crítica.

A veces, reflexionar acerca de uno de nuestros propios maestros –tanto el que consideramos el mejor, como los que no nos convencieron mucho– puede ayudarnos a identificar nuestras características básicas, positivas y negativas. Asimismo, también puede aparecer la pregunta que nos interroga acerca del grado en que esas mismas características se evidencian en nuestra labor de enseñanza.

Se trata de preguntarse cuales fueron las dos o tres mejores lecciones que nos dieron en nuestra vida. Luego, ver si podemos determinar *la razón* por la que fueron tan fructíferas. En este punto sería fácil atribuir sus calidades a la fuerza de la personalidad del maestro que nos dio la lección. Pero no hay que detenerse ahí. Si analizamos el problema a fondo, tanto, como para identificar algunas de las cualidades abstractas que hicieron que aquella lección nos inspirara brillantes conceptos o ideas, quizás nos hayamos procurado un objetivo a conseguir.

¿Cómo fueron las dos o tres mejores y más interesantes lecciones que jamás nos dieron? Una cosa es tener ideas brillantes, o inspirarse. Otra muy distinta es transformase como resultado del contacto con un enorme poder. Es posible que tal contacto haya producido un pequeño trauma y no precisamente brillantes ideas. Sin embargo, el resultado fue una transformación personal que abrió un nuevo camino y que se recuerda como un punto de inflexión importante en la vida. Estos cambios profundos se producen, en parte, debido a las cualidades del maestro, pero también porque el alumno está en condiciones de vivirlos. Llegados aquí podríamos preguntarnos en qué medida y con qué frecuencia dedicamos tiempo a tratar de comprender cómo y cuándo nuestros propios estudiantes están listos para una experiencia de este tipo.

¿Recuerda a los maestros que eran buenos, pero que tenían particularidades o hábitos característicos, de forma que distraían la atención del tema que se trataba en ese momento? ¿Y recuerda cómo muchas veces los estudiantes imitaban esas «manías», a veces con crueldad, pero muy gráficamente? Ningún maestro escapa a estas particularidades, pero quizás podríamos tratar de detectarlas en nosotros mismos. Detectar el momento en qué utilizamos nuestras frases preferidas, cuándo aplicamos constantemente un modelo con pasos predeterminados, cuándo respondemos a nuestros alumnos jugando con los mismos y sabidos juicios críticos.

Es necesario recordar que cuando más predecibles seamos como maestros, más aburridas serán nuestras lecciones. No es necesario interpretar este axioma como una carta blanca para la arbitrariedad. Más bien debería ser una llamada a ponernos constantemente en tela de juicio para tratar de encontrar nuevas maneras de explicar, aclarar y presentar nuestras ideas a los alumnos, especialmente a los que llevan un prolongado periodo de tiempo estudiando con nosotros.

Uno de los mejores directores de teatro de Estados Unidos describe su trabajo diciendo que es esencialmente de comunicación. Se trata de comunicar y transmitir conceptos a los hombres y mujeres que están en el escenario. Unos conceptos que serán útiles para que sus personajes adquieran mayor poder expresivo y resulten muy convincentes. Para lograrlo, afirma, uno debe explicar, esencialmente, el mismo concepto una docena de veces o más, en una docena o más de formas. Esta comunicación creativa debe continuar hasta que moviliza en el actor un punto de reconocimiento emocional e intelectual. Es el punto en el que cualquier parte que se represente en escena se funde con alguna vivencia personal del actor. Una vez que se alcanza este punto, la representación resulta más convincente. Pero hasta que esto no se logra, el trabajo del director consiste en intentar abrir tantas vías diferentes como sean necesarias. Un trabajo en el que debe procurar no repetir la misma directiva o utilizar los mismos ejemplos, sino que constantemente debe inventar nuevas formas de expresarse, siempre apuntando al resultado que quiere obtener.

Ser creativos de esta manera y tratar de incorporar a la enseñanza un ingrediente que despierte mayor interés en los alumnos puede ser una tarea de gran dificultad en ciertos casos. Por ejemplo, cuando el alumno no está preparado no es receptivo o, por la razón que sea, se niega a participar o a responder más allá del nivel mínimo aceptable. En ese caso, a nuestros esfuerzos les espera la frustración y, rápidamente, podremos convencernos de que, hagamos lo que hagamos, no servirá ni será aceptado por este a aquel alumno en particular. Podemos comenzar a tener un prejuicio y esperar la clase con ese alumno con cierto desagrado. La continua ineptitud comienza a irritarnos y nos defendemos. Nos refugiamos en una actitud tal, que asumimos la enseñanza sólo como un trámite que nos impone el deber de informar y corregir correctamente al alumno, abandonando de este modo, buena parte de nuestra imaginación y creatividad.

Si se produce una neutralización de este tipo, seremos culpables de permitir que la actitud del estudiante determine la atmósfera de las lecciones. Si el estudiante se aburre, es hostil, poco musical, perezoso o lo que sea, no hay razón alguna que justifique someternos a tales actitudes, aún en términos psicológicos. Uno debe comprender, que por más esfuerzos que se hagan en uno u otro sentido, por lo menos *uno* de los dos participantes en este juego, se sentirá gratificado con la lección. Después de todo, tenemos delante la belleza de la música y con suerte, tanto el alumno como el maestro se sentirán elevados sólo con el intento de hacerla aflorar.

Como un líder espiritual que cree con todas sus fuerzas en las bondades de la doctrina que su lucha por ganar conversos es incesante; como un médico que cree con tal fuerza en el valor de la vida humana que dedica incansablemente toda su energía a llevar al enfermo hacia un proceso de curación, con esa misma fuerza debemos creer que la música enriquece la calidad de vida. Tanto debe ser así, que nunca debemos dejar pasar una sola oportunidad de manifestar esta convicción a nuestros alumnos. Tal dedicación, no necesariamente logrará que todos los alumnos compartan nuestro punto de vista, pero mantendrá la vitalidad de nuestra labor y la vitalidad del reto constante. Y, cuando nos enfrentemos al inventario periódico, el factor más importante será esa posibilidad de constante renovación de la llama interior. Será también el medio por el que podremos analizar otros aspectos de nuestra autocrítica y verlos en su debida dimensión.

Capítulo 6

Notas repetidas

Los métodos prácticos

Los métodos prácticos constituyen un tema que constantemente parece atormentar a músicos de probada seriedad. Como en la religión y en la moral, tenemos la sensación de que por buenas que sean nuestras intenciones o por más que trabajemos en pos de la excelencia, siempre estamos lejos de cumplir con los criterios ideales. De hecho, debemos llegar a comprender que uno de nuestros destinos profesionales, es el de vivir con la sensación de que nunca llegaremos a dominar el arte de aprender eficazmente. Al mismo tiempo, constantemente sentimos el estímulo propio de la voluntad y la necesidad interior de perfeccionarnos. De ese modo, el hecho de revisar periódicamente la actividad que desarrollamos durante el tiempo que reservamos para la práctica del instrumento formará parte de nuestra manera de vivir.

Dentro del espíritu de esta revisión, consideraremos ahora tres aspectos de la práctica: el equilibrio entre confianza y la crítica, el mantenimiento de la capacidad de concentración y los puntos importantes del proceso de aprendizaje donde es necesario que modifiquemos nuestra forma de abordarlos.

La confianza en lo que hacemos, en lo que respecta a nuestros métodos de trabajo diarios, se puede conseguir sólo si aprendemos a lograr el equilibrio entre la crítica de esos métodos y una profunda fe en que, a corto plazo, producirán los resultados que deseamos. Sin la presencia de la crítica, los métodos no cambiarían nunca y es bastante seguro de que se convertirían en una costumbre o en una suerte de trámite de rutina. En consecuencia, los viviríamos como una pérdida de originalidad o una imposibilidad de renovarnos. Si, no obstante, hacemos una crítica de nuestros métodos de trabajo demasiado severa o demasiado insistente, quizá nunca tendremos la posibilidad de comprobar su eficacia. Una vez que hemos escogido una determinada técnica para practicar, debemos seguirla durante un cierto tiempo con vitalidad y determinación, con la expectativa y la certeza de que lo que hacemos realmente «funcionará». Mantener el delicado equilibrio entre estos dos extremos es, por tanto, un requisito necesario para avanzar.

Consideremos durante un instante el caso de la persona que tiene una autocrítica feroz con respecto a su práctica y a sus técnicas de trabajo. El ataque contra sí mismo puede producirse en cualquier punto del trabajo. Casi inmediatamente y una vez descubiertas, aquellas maneras válidas de llevar adelante la práctica se abandonan psicológicamente y con frecuencia también por alguna razón totalmente irracional: «sé que este trabajo es así y que se hace así, pero no puedo sentarme y hacer horas de práctica», o «esa técnica parece funcionar bien para todos, pero no para mí», o «es que no tengo tiempo para practicar de esa manera», o «bueno, probé esos ejercicios durante una semana, pero no parecían dar ningún resultado».

Para responder correctamente a este tipo de irracionalidades sólo que basta preguntar ¿por qué? *¿Por qué* no puedo sentarme a practicar? *¿Por qué* no organizo mi horario de prácticas para que el trabajo dé buenos frutos? Incluso *¿Por qué* no progresé después de trabajar una semana con esos ejercicios? ¿Duda de la eficacia de la técnica en sí? ¿Es por la manera en que la aplicó? ¿O lo que sucede es que hay un error de fondo, pues seleccionó directamente un tipo de práctica que no funciona?

En el pasado existieron muchos buenos intérpretes que nos legaron sus prácticas «secretas», sea por escrito o transmitiéndoselas a sus propios alumnos. Existe un núcleo de técnicas célebres por su probada eficacia. Todos hemos conocido algunas, o la mayoría de ellas, pero, del mismo modo que las verdades éticas, a veces las conocemos e incluso las aconsejamos, sin que necesariamente las llevemos a la práctica nosotros mismos.

Cuando vemos que la práctica no funciona, podemos recomponer las cosas buscando las causas del problema, siendo sinceros con nosotros mismos aunque esto nos dé un poco de vergüenza. ¿Cuántas veces he ensayado la parte problemática lentamente y durante cuantos días? ¿Cómo de lento? ¿Cuántas veces practico la obra *después* de haberla aprendido, por ejemplo, tocando cada mano por separado? ¿Cuánto hace que he asumido los componentes musicales básicos de una obra —fraseo, dinámicas, articulación, digitación o estructura, subidas y bajadas melódicas, acentuación— y las he examinado como si de elementos separados se tratara para comprobar que estoy haciendo todo lo que indica la notación de la página? Por lo general, las respuestas a estas preguntas son tan obvias, que, rápidamente, nos mandan de vuelta al trabajo.

No se trata de demostrar, con este análisis, que todos conocemos las respuestas, pero simplemente no las utilizamos, seguramente siempre podemos descubrir una nueva manera de practicar, pero es importante señalar que la mayor parte del tiempo no trabajamos correctamente las bases que ya conocemos bien, una práctica que indudablemente nos daría buenos resultados.

No podemos utilizar todas las formas simultáneamente por lo que a veces decidimos practicar un solo aspecto de la obra. Uno mismo debe decidir las medidas que tomará en cuanto a la manera de trabajar y al tiempo que cree necesario dedicarle para poder esperar algún resultado. Uno decide cuánto tiempo dedicará cada día y cuántos días practicará un determinado ejercicio. Una vez comenzado, no hay que pensar que se hará alguna otra cosa durante ese tiempo, ni tampoco tratará constantemente de controlar los resultados. Nadie en el mundo ha conseguido hacer un buen pastel abriendo la puerta del horno cada cinco minutos para ver si la masa subía. Durante el periodo de tiempo fijado, lo mejor es asumir que lo que hacemos es eficaz. Las dudas sólo sirven para disminuir insidiosamente nuestra capacidad de concentración y para que asociemos la obra que trabajamos con un determinado estado de perturbación psicológica. Durante este periodo es importante disponer de energía. Todos sabemos que llevar adelante un proceso de aprendizaje con un bajo nivel de energía tiende a aumentar el tiempo necesario para lograr resultados y a restarle calidad. Si por el contrario, los niveles de energía son muy elevados, tendemos a introducir presión y tensión. Es posible practicar con energía sin tener demasiada tensión, pero a veces olvidamos que son dos factores que es necesario separar.

Periódicamente llega un momento para tomar distancias del propio trabajo y ver lo que se ha logrado con la práctica. Por lo general es un momento que surge, en el mejor de los casos, después de varios días de trabajo, pero que normalmente requiere algo más de tiempo. Vivimos en la era de los reactores y nos hemos acostumbrado a esperar resultados rápidos. Por lo general, las expectativas de ese tipo no pueden aplicarse directamente al aprendizaje musical o a la percepción artística. A veces, un problema puede arreglarse en una décima de segundo, pero ni siquiera podemos depender de tal fenómeno ni tampoco forzar su manifestación. Además, lo habitual es que dicho fenómeno sea fruto de un largo periodo de preparación consciente o inconsciente. Cuando uno toma distancia para revisar el trabajo, probablemente ya percibe interiormente si la práctica habrá, o no, dado buenos resultados. A menudo nos daremos cuenta de que hemos avanzado, pero no nos sentiremos completamente satisfechos. Esta situación puede impulsarnos a volver a hacer otro ciclo de práctica de los mismos ejercicios o técnicas realizadas. Si por más esfuerzo que hagamos, no constatamos ningún progreso y la revisión de lo que hemos hecho no revela una carencia evidente por nuestra parte, entonces es ciertamente posible que estemos utilizando una técnica incorrecta para resolver el problema que tenemos entre manos. En estas circunstancias, o bien se nos ocurre una idea brillante y probamos algo más, o buscamos ayuda.

En cualquier caso, el «inventario» de estos periodos debería ser específico y bien pensado. Si algo funciona, pero necesita algo más de tiempo, bien. Pero si algo decididamente no funciona, se impone la búsqueda de otras técnicas. Practicar cualquier técnica sin límite de vigencia durante largos periodos de tiempo sin que se verifiquen sensibles progresos, sólo puede llevarnos a un punto muerto. En las mejores circunstancias, una practica larga y ardua tiende a debilitar nuestra percepción y a disminuir la concentración.

La concentración

De todas las palabras «mágicas» vinculadas con la práctica, concentración, es quizá la que se utiliza con mayor frecuencia y, sin embargo, la que más se nos escapa. Es un concepto paradójicamente frustrante, porque si uno piensa que debe concentrarse (o que no puede) en lugar de pensar en el trabajo que está haciendo, en realidad no se está concentrando. Si estamos verdaderamente concentrados, no nos daremos cuenta ni pensaremos en la cuestión mientras hacemos el trabajo. Dentro de estas características paradójicas, la concentración puede compararse al hecho de quedarse· dormido. Es decir, uno no se duerme mientras piensa que debe dormirse o se preocupa porque tiene que dormirse.

Por tanto, el acto de concentrare necesita una aproximación más bien oblicua. No obstante, podemos crear las condiciones necesarias para una buena concentración, tal como, una vez más, uno puede crear las condiciones necesarias para lograr un sueño reparador. Algunas de estas condiciones son obvias. Una es disponer de un periodo de tiempo en el que estemos seguros de que no habrá ni interrupciones ni molestias. Otra, organizar el trabajo siguiendo un programa regular de modo que la totalidad de la *psique* esté programada para seguir un ciclo y para anticipar los periodos de concentración. Existen otros factores tal vez más sutiles.

Primero, tener una actitud positiva hacia nuestra capacidad de concentración y construir el hábito de concentrarse. Esto incluye una buena voluntad para reconocer que somos seres humanos y que, como tales, estamos sujetos a fluctuaciones de concentración que no tienen explicación alguna.

Segundo, el hecho de que una buena concentración esta íntimamente unida a una aproximación vital que está orientada a la búsqueda constante de la creatividad y de las ideas nuevas.

Nuestra actitud hacia la concentración es particularmente delicada, porque el hecho de creer que uno tiene poco poder de concentración da como resultado exactamente eso, poco poder de concentración. Por simple que parezca, esto también se cumple en sentido inverso. Por tanto, utilizar la conocida cita atribuida a Emile Coué puede sernos muy útil:

«Cada día mi concentración mejora y mejora desde todo punto de vista.»

Esto puede parecer una tontería, pero en realidad, alimentar el inconsciente es de una importancia primordial si queremos construirnos unos buenos hábitos de concentración. También es importante para controlar el miedo en las presentaciones y conciertos donde la concentración ya es un buen antídoto de por sí. La fe en que lograremos aumentar nuestro poder de concentración, unida a una incesante voluntad positivista durante un periodo de varios meses, contribuye espléndidamente a mantener y aumentar la fuerza y la eficacia de dicho poder.

Como es lógico, siempre sobrevendrán épocas difíciles. Nuestra vida fuera del estudio de la música prosigue su camino. Las máquinas se rompen, las condiciones climáticas crean incomodidades, las relaciones personales entran en crisis, sobreviene una época de enfermedad o, sin razón que lo justifique, uno no logra ponerse a trabajar ni tampoco puede concentrarse. Cada persona, según su temperamento, tendrá una manera particular que será su mejor forma de guiarse a lo largo de estos duros trances. Cuando se trata de situaciones incontrolables, las consecuencias para el trabajo son tales, que uno las abandona constantemente para ocuparse de múltiples detalles o para hacer una llamada telefónica y asegurarse que determinada tarea se ha llevado a cabo. En el momento en que aparecen estos síntomas, la mejor solución, en mi caso, es, sencillamente, decir algo así como: «De acuerdo, hoy no puedo concentrarme. Todo lo que hago me parece espantoso y mi tarea no es constructiva. Se trata de un trastorno psicológico temporal que pasará, pero hasta que no pase tendré paciencia conmigo mismo. No me regañaré, sino que me sentaré aquí durante la próxima hora —o el tiempo que corresponda a la práctica— sin que me interrumpan. Si suena el teléfono no contestaré, siempre pueden volver a llamar y posiblemente no sea nada grave. Si de pronto pienso en una tarea, la anotaré en un trozo de papel que esté a mano para no olvidarla y la haré cuando haya terminado con mi práctica. Pase lo que pase, me sentaré aquí y trataré de trabajar. Si consigo hacer algo, perfecto, sino, no me importará, perfecto también.»

Al situarse en esta posición con un poco de insistencia es probable que después de dos o tres días uno pueda volver a concentrarse y, como sucede con frecuencia, lo haga con renovada e incrementada fuerza.

Estrechamente vinculado a la concentración tenemos el desarrollo de un alto grado de variación y de creatividad en lo que uno hace durante la práctica. El hecho de estimular el proceso mental cambiando nuestro punto de mira regenera los intereses de la mente. La manera de hacerlo es algo estrictamente personal, porque la mente se fascina, individualmente, con aspectos particulares de un problema dado y la lista de puntos de mira o perspectivas que podríamos utilizar es interminable. Aprender esta manera de ser creativos puede actuar como un eficaz antídoto contra la tendencia a insistir sobre un camino sin salida. Cuando necesitamos practicar un pasaje una y otra vez (que es siempre lo que sucede con los pasajes difíciles con mucho material técnico y, a veces, con las secciones «fáciles») estamos obligados a cambiar de método después de haberlo repetido varias veces. Alterar el tiempo, tocar una mano sola mientras pensamos en la parte de la otra, pensar en los primeros dos compases y comenzar a tocar en el siguiente, escuchar las melodías mentales o las contramelodías. La lista es muy extensa y podríamos continuar. Una herramienta no es tan importante en sí misma como su función, que es la que permite repetir el ejercicio o el pasaje innumerables veces, con una audición que tiene sentido y finalidad. Es repetir, muy concentrados en el trabajo, un tipo de ejercicio que debería ser de gran utilidad.

Para muchos, un cambio de velocidad, el más sencillo posible, es suficiente para lograr que nos concentremos nuevamente y mejor. Walter Gieseking, que poseía lo que sin duda debió ser una de las más fantásticas capacidades de concentración de su generación, solía decir que cuando sentía que perdía concentración, simplemente cambiaba de estilo de música para renovarse. En este contexto, en la práctica cotidiana probablemente será útil tener tres o cuatro áreas de práctica distintas, que comprendan estilos musicales diferentes y tareas de aprendizaje también diferentes. Otra posibilidad sería variar el orden de estas áreas de vez en cuando. La mayoría de nosotros tiene predilección por hacer el «calentamiento» con estudios técnicos, sean escalas, ejercicios de digitación, etcétera. Aunque estas sean actividades de gran provecho, a veces, si las practicamos *después* del «calentamiento» pueden ayudarnos a dirigir nuestra atención hacia nuevos objetivos. Del mismo modo, a menudo se nos pide que interpretemos una composición sin que tengamos la posibilidad de hacer un adecuado calentamiento. Si en la práctica diaria hacemos en primer lugar esa obra, seremos capaces de condicionarnos para tomar de forma rápida y eficaz sus propiedades musicales cuando aún estamos «en frío».

Una vez que la mente tome este rumbo, su capacidad imaginativa a la hora de crear estos pequeños cambios en la rutina diaria será ilimitada. Es también obvio que podríamos excedernos en la utilización de esta herramienta, de modo tal, que entrásemos en un periodo de práctica desordenada, carente del necesario rigor, que no arrojaría grandes resultados. Si por el contrario, utilizamos las ideas en una medida prudente y controlada, agregarán placer e interés a todo lo que necesitamos hacer. Gracias a ellas podemos prevenir el típico entumecimiento ocasionado por las largas horas de estudio, ese repetir una y otra vez los temas, esa disciplina que es parte indispensable del desarrollo de una magnífica técnica de interpretación.

La evolución técnica y musical

Centrémonos ahora en las etapas más amplias del aprendizaje de una obra musical y en la necesidad de modificar, periódicamente, nuestra manera de abordarla a medida que progresamos y pasamos de una a otra etapa.

La primera tarea que tenemos delante cuando nos disponemos a estudiar una partitura es lo que se suele llamar en la jerga del oficio «aprender las notas». Para iniciar esta tarea, hoy en día los cánones imperantes nos aconsejan, como primera medida, adquirir un concepto general del contenido de la partitura. Es una labor que no suele presentar dificultades para el alumno, porque tiene a su disposición la interpretación de la obra, sea por uno de los maestros, uno de los compañeros de estudio o por la grabación de un concierto. El argumento que apoya esta norma nos dice que para el alumno será provechoso, porque antes de comenzar el largo y tedioso proceso de aprender poco a poco la partitura, tendrá un concepto global de lo que es su objetivo a largo plazo. Nadie niega tales ventajas, pero no me parece prudente excluir completamente el viejo método de sumergirnos en la partitura trabajando sin saber a ciencia cierta con qué nos enfrentamos, elaborando pasajes y pequeñas secciones para ir descubriendo paulatinamente el sentido de la obra. Es un método que suele crearnos una enorme inseguridad o la sensación de estar completamente perdidos. Pero tiene la virtud de despertar el espíritu de aventura y la curiosidad, facilitándonos la labor y ayudándonos en esa dura batalla que presentan las difíciles páginas iniciales.

La razón que justifica la utilización de este método, que quizá no es muy original, y de mantenerlo dentro de nuestro repertorio de la práctica musical, estriba en el hecho de que, en el caso de la música del siglo XX que no está grabada, no habría otra manera de abordarla. Aún el examen visual de la partitura desde el principio hasta el final, puede darnos tan sólo unas nociones muy poco definidas de la manera en que la obra sonará y de sus características emocionales y expresivas, sobre todo en los casos en que se utiliza una notación especial. De modo que nos queda una sola vía posible y es comenzar, aún si, por el momento, no sabemos a ciencia cierta adónde vamos. Hay que verlo como una investigación, como una aventura, manteniendo bien abiertos los ojos, los oídos y las respuestas musicales. En otras palabras, aprovechar la carencia de conocimientos o preconceptos, utilizando los sentidos como una antena sensibilizada dispuesta a detectar el significado de cualquier mensaje sonoro que surja. Es posible que la devoción filosófica a la idea de contar con un concepto global de la obra antes de comenzar, propia del siglo pasado, haya traído como consecuencia una aversión psicológica a la inseguridad que inevitablemente se produce con el aprendizaje de la partitura por partes. A su vez, esta aversión nos ha creado mayor resistencia a la posibilidad de enfrentarnos con las dificultades propias de la música contemporánea, donde, a veces, no hay más remedio que ir descubriéndola poco a poco. Por supuesto que de todas maneras debemos contar con una evaluación y conocimiento de la eficacia de ambas formas de abordar la práctica, colocando cada una en el lugar que le corresponde.

La disciplina que se requiere para «aprender las notas», la eficacia que implica la vivencia de la obra que se introduce día a día en nuestro sistema nervioso, conlleva en sí una cierta gratificación: el objetivo de llegar a interpretar la obra parece perfectamente posible, porque de la mano de unas técnicas y una práctica cuidadosa y constante, el progreso es muy evidente. El placer de esta etapa es tal, que puede incitarnos a trabajar con demasiada rapidez, a seguir adelante, a aprender más y más. No deja de ser una época «divertida».

De repente, uno toma consciencia de que ha aprendido las notas, que incluso las ha memorizado, pero que la obra no está aún lista para ser interpretada. Tal vez no suena bien o no tiene «unidad». La cima de la montaña que parecía tan cercana, se nos aparece, de pronto, rodeada de un páramo yermo, vasto e infinito. Con frecuencia sobreviene el desánimo y la sensación de no saber realmente qué hacer para seguir adelante.

Lo primero, ser consciente de que la etapa que hemos llevado a cabo era una preliminar y comprender que el estudio verdadero de la obra comienza a partir de este momento. Lo que quiere decir que debe tomarse en serio y establecer un método de trabajo dual. Una dualidad constituida, en primer lugar, por un movimiento de retroceso. Desandar lo andado, o sea, destinar algún tiempo a seguir trabajando del mismo modo que cuando aprendíamos la obra, pero en un estadio más elemental, inferior al de la búsqueda del dominio sonoro, a la de lograr nuestro «mejor sonido».

Al aprender las notas, probablemente practicamos lentamente, con cada mano por separado, con metrónomo, trabajando fragmentos cortos, repitiendo los pasajes, en fin, todas las técnicas que funcionaron para llegar a ese primer objetivo de aprendizaje de las notas. Pero una vez que hemos tocado la obra con las dos manos juntas, con un *tempo* moderado y con algún grado de expresividad, solemos dejar de lado la utilización seria de las técnicas de la primera etapa, salvo por alguna dificultad esporádica que hace necesario corregir un pasaje particularmente conflictivo. Simplemente tratamos de mejorar nuestra interpretación repitiendo la obra dentro de esa moderada habilidad para tocarla que hasta el momento hemos adquirido. De este modo se progresa lentamente y a veces incorporamos dentro de etapas de mayor dominio de la interpretación, áreas con problemas no resueltos. Como dijo Cecile Genhart: «Practicamos para "perfeccionar la imperfección".»

Lo que en realidad deberíamos hacer es practicar cuidadosamente, como si estuviésemos aprendiendo la obra por primera vez, utilizando las técnicas básicas con cuidado y regularmente, variándolas con inteligencia para garantizarnos una concentración constante durante esta fase de la práctica. Incluso hasta la hora de la presentación debemos dedicarle un tiempo considerable a este tipo de trabajo esmerado.

Por supuesto, hay otro nivel que debemos desarrollar continuamente. Las técnicas de iniciación nos darán seguridad y una mayor flexibilidad en la expresión musical, pero no representan un fin en sí mismas y no necesariamente nos llevarán a lograr una interpretación acabada. Por tanto, debemos embarcarnos en el segundo aspecto de la mencionada dualidad, al que podríamos llamar conceptual-musical. Es un proceso que consiste en estudiar la partitura tal como lo haría un director de orquesta. Hay que recordar que el director no puede practicar con el sonido vivo todo el tiempo. Hace buena parte de su trabajo con una partitura que no emite sonido alguno. Interiormente, como es lógico, las fuerzas están activas tanto analítica como auditivamente. Por tanto, el director, en realidad, piensa acerca de la estructura, el concepto, el estilo, la historia y los efectos globales de la obra. Luego practica trabajando con una comprensión que surge de su audición interna. Así hasta que se forma, conceptualmente, una idea concreta de lo que se solicita para que la interpretación de la obra sea perfecta. En ese momento, el director —o la directora— toma este concepto que ha moldeado y lo lleva al ensayo de la orquesta. En periodos de tiempo muy cortos deberá transmitírselo a los intérpretes y lograr que respondan adecuadamente.

Nosotros, los que somos solistas, tenemos una notable ventaja, porque no cabe esperar al equivalente de un ensayo de orquesta para comenzar a llevar nuestras ideas a la práctica. Pero con frecuencia, negamos esta ventaja, apresurándonos a hacer música sin haber cumplido el requisito de preparación conceptual-musical. Con demasiada frecuencia tratamos de «corregir» o «mejorar» nuestra interpretación basándonos en una difusa percepción global de que no está «del todo bien». Pero no hemos reflexionado con la debida profundidad acerca de la música, para así contar con un claro concepto del ideal sonoro buscado.

Tal conocimiento no se consigue con facilidad. No sólo incluye los aspectos estrictamente musicales del trabajo, como pueden ser las estructuras, las dinámicas, el fraseo o el estilo. Además, debemos considerar los efectos psicológicos que la obra debería producir en nuestra interpretación ideal. Más aún, existen muchas obras en las que subyacen profundas implicaciones filosóficas o espirituales, características que bajo el imperio de las mejores circunstancias interpretativas, uno tiene la esperanza de transmitir al público.

Hemos escuchado tantas veces que la música es como el lenguaje, y hemos movido la cabeza en señal de aprobación, pero rara vez tenemos realmente en cuenta esta analogía y la concretamos. Tan sólo una frase como ¿dónde estuviste anoche? puede provocar sorpresa, sospechas, alegría reprimida, hostilidad o irritación, dependiendo del tono con que se emita y del significado que el interlocutor intente otorgarle. Del mismo modo, una frase musical contiene un número infinito de significados emocionales sutiles, dependiendo, tanto de la manera en que se maneja musicalmente, como de *la intención del intérprete*. Debido a una carencia de preparación musical-conceptual, es muy común que nosotros mismos no estemos seguros con exactitud del significado que tratamos de transmitir.

A medida que nos acercamos al final de la etapa de preparación, la obra comienza a querer avanzar por sí misma, como un brote que está a punto de reventar para florecer con esplendor. Con suerte, llegaremos a lograr una refinada seguridad técnica, pero que, como hacemos con un jardín, habrá que cultivarla constantemente utilizando una cuidadosa práctica propia de una etapa básica. Del mismo modo, continuaremos reflexionando acerca de la obra. A estos pasos agregaremos, finalmente, la práctica de la interpretación de la obra.

Aún con toda la preparación del mundo, en un determinado momento necesitaremos valor para tomar la partitura y tocarla ininterrumpidamente desde el principio hasta el final, con una motivación tal, que nos permita minimizar los errores o las imprevisiones. Al abordarla de este modo, de alguna manera la obra se nos aparecerá psicológicamente distinta. Hay que practicar este tipo de interpretación en las etapas finales de la preparación, tal vez no todos los días, pero con la frecuencia suficiente para que el acto de interpretarla en público se convierta en una experiencia agradable. Cierto es que si se convierte en una práctica demasiado asidua, los detalles de la ejecución se deteriorarán y sobrevendrá inseguridad, de modo que al mismo tiempo hay que mantener también otros tipos de técnicas propias de las primeras etapas del trabajo. Pero uno debe permitirse pasar la prueba de interpretar la obra completa sin interrupciones de manera tal, que comprenda la totalidad de la comunicación emocional, intelectual y espiritual (aunque sólo la comunique a las cuatro paredes que le rodean). Si no lo hace, tendrá siempre la impresión de que tal titánica tarea es un acontecimiento excepcional y distante.

La práctica de este tipo es tremendamente agotadora. Después de una sesión así, estando tan inmerso en ella, tan concentrado, que siente como si regresara de un viaje agotador. Pero ser capaz de inducir tal estado de honda concentración en medio de la distracción creada por la presión de un público, es la clave del secreto de una acabada y exitosa presentación. La técnica de practicar el dominio de esta presión puede perfeccionarse utilizando la imaginación para crear un público, una sala de conciertos, un escenario y, en un momento predeterminado, caminar hacia el lugar apropiado e interpretar. De este modo podemos incluso comprender que el malestar físico propio de los nervios anteriores a la presentación (la tirantez, la debilidad, la presión interna, la respiración cortada, la transpiración o cualquier otra manera de reaccionar que tengamos) no necesariamente perjudicarán a las respuestas del cuerpo cuando comience la interpretación. En realidad, las respuestas pueden aumentar. En la práctica de la interpretación no podemos crear todas las condiciones propias de la presentación real, pero podemos, de alguna manera, concebirlas con suficiente aproximación como para crear una nueva manera de confiar en nosotros mismos en el momento del acontecimiento real frente al público.

Capítulo 7

Ricordanza (memoria)

Los tipos de memorización

La tradición histórica atribuye a Franz Liszt y a Clara Schumann por igual el mérito de haber sido los primeros que dieron conciertos tocando de memoria. Es de suponer que esta novedad formaba parte de los recursos indispensables que tenía el virtuoso para asombrar a su público, no sólo con su dominio de la técnica y su gestualidad, sino también con sus proezas intelectuales. Cabe también la posibilidad de que la memorización surgiera a medida que las exigencias del virtuosismo evolucionaban hacia la utilización de extensiones extremas del teclado y de saltos de mayor amplitud y velocidad. Esto es, una serie actividades donde la conciencia visual y espacial son de gran ayuda porque tienden a liberar al pianista de la preocupación por la lectura de la partitura, trasladando el punto de atención al teclado en sí. Independientemente de quien fuera el iniciador de esta tendencia, a partir de mediados del siglo xix la mayor parte de los conciertos se interpretaron de memoria, llegando a constituir una práctica bien establecida dentro de nuestra cultura musical.

A pesar de ser una técnica ampliamente aceptada, la memorización tiene, de alguna manera, el carácter de una especie de fantasma amenazador. Muchos son los alumnos de niveles elementales que tienen dificultades para soportar esta carga, una obligación más que se agrega al trabajo de aprendizaje una vez que se domina la escritura instrumental. Los alumnos de niveles superiores aprenden a considerarla como la ácida prueba final, que determinará su estado de preparación para interpretar la obra en público. Ni siquiera los artistas con experiencia están inmunizados, ni contra el miedo, ni contra un incidente de fallo de memoria durante la ejecución. Memorizar es siempre un trabajo arduo y aún después que creemos que hemos memorizado la partitura, las imágenes que guardamos parecen ser algo así como fantasmas maliciosos, que se escabullen a la mínima señal de presión externa, pero que están siempre al acecho incluso en los momentos en que su presencia no tiene consecuencias.

Como resultado de la inseguridad que existe en torno al problema de la memorización, existen campos bien delimitados en los que no es necesario memorizar las partituras para su presentación. Por ejemplo, en el caso de la música de cámara e incluso en obras con una fuerte exigencia debido a su extensión, como serían las *Variaciones Goldberg* de Bach o algunas obras contemporáneas de suma complejidad. Unos pocos artistas famosos, comprendiendo que se sienten mucho más cómodos teniendo la partitura frente a ellos durante sus presentaciones en público, han optado por hacerlo de este modo. Un ejemplo legendario es el de la pianista Dame Myra Hess. Además, la práctica de la memorización ha levantado más de una ampolla y se han producido reacciones en contra bastante virulentas, manifestadas en forma verbal o escrita con argumentos destinados a debilitar la existencia misma de esta tradición.

¿Por qué, entonces, seguimos memorizando? ¿Realmente es sólo por el deseo de hacer ostentación de nuestra capacidad intelectual?

Los que defienden la memorización se basan en que la memoria es un proceso cognitivo, de hecho, una técnica que tiene el potencial de contribuir poderosamente a la relación del intérprete con la música misma. Como cualquier herramienta técnica, sus ventajas surgen a partir de su correcta utilización y de la puesta en juego de un elevado grado de concentración. Podemos memorizar sin tener gran comprensión de la estructura o del sentido de la música, de la misma manera que podemos practicar ejercicio de digitación o escalas sin que nos aporten gran cosa en lo que concierne al desarrollo técnico básico. Sin embargo, si utilizamos el proceso de memorización correctamente, llegaremos a adquirir una mayor comprensión de la música y una mayor convicción acerca de la manera en que debe interpretarse. Cabe señalar que, en el caso de ciertos tipos de temperamentos, este proceso aporta una mayor libertad y flexibilidad de interpretación.

Uno de los aspectos más difíciles de definir dentro del proceso de memorización es el de la respuesta muscular a las señales memorizadas. Cuando un niño comienza a memorizar por vez primera, es probable que dependa, en gran medida, de esta respuesta muscular. El joven intérprete puede tocar una obra «de memoria» porque ha seguido un proceso de aprendizaje que es, por naturaleza, esencialmente corporal. Además, se desencadena gracias a algún tipo de señal o de ayuda residente en la memoria. Estas última pueden provenir de la audición interna, del recuerdo de la imagen de la página, de la observación de las posiciones relativas en el teclado de las teclas blancas y negras e incluso, de la memorización de los números de los dedos. Una o más de estas señales o claves puede reducirse, con la práctica, a un simple detalle inicial de dicha imagen, de modo tal, que la respuesta corporal sigue su camino automáticamente. Así, es posible que la mente no deba ocuparse más del «texto» una vez que ha conseguido dar el primer impulso para empezar.

Todo esto funciona muy bien hasta el momento que uno debe presentarse en público. Entonces, es evidente que nuestras respuestas corporales estarán bajo la presión de una situación delicada, interfiriendo así con la forma normal de funcionamiento de la respuesta muscular. De ese modo, tal respuesta se paraliza o falla. El desencadenante puede surgir en alguno de los compases anteriores y entonces nos encontramos sin recursos para conseguir el necesario apoyo mental. La única alternativa es retroceder, para que la señal o clave que despierta la memoria vuelva a hacer su camino, con la esperanza de que esta vez logremos conseguir la respuesta muscular. Claro que el mismo hecho de fallar o tener que detenerse puede impedir justamente que se desencadene la respuesta muscular, con el resultado de que volveremos a paralizarnos en el mismo punto anterior, o incluso antes de llegar a él. Si esto sucede, la única solución que nos queda es contar con otra señal o clave mental de memoria que se encuentre más adelante en la partitura, que por lo general, estará al comienzo del siguiente movimiento o cerca del final de la obra.

Todos estamos familiarizados con el modelo de conducta antes descrito. Como maestros, nuestro antídoto es decirle a los alumnos que es imposible depender de la respuesta muscular (los pianistas dicen: «no puedes depender de tus dedos»), pero uno debe «saberse» la pieza.

Es un consejo que puede servir muy bien como antídoto en una situación determinada, pero la adquisición de una buena memoria es realmente una cuestión de equilibrio muy delicado, con una cantidad de facetas en las que una de ellas *es*, no cabe duda, disponer de una buena respuesta muscular. Exagerar el aspecto intelectual del problema puede resultar tan devastador como su opuesto. Supongamos que el alumno toma en cuenta este aspecto. Que acepta totalmente el consejo del maestro de que nadie puede fiarse de la respuesta muscular si está presionado y, debido al trauma que representa el fracaso, se motive para estudiar y analizar todo el contenido intelectual de una obra. La misma intensidad de la campaña contra los fallos de la memoria estimulará la aparición de esos fallos. Cuando la música sea lo suficientemente difícil como para exigir que se interpreten pasajes donde los músculos tienen que cumplir un papel importante, la abundancia de claves intelectuales provocará interferencias. Es el viejo cuento del huevo y la gallina.

Hay alumnos —este síndrome aparece normalmente en los niveles intermedios o universitarios— que pueden escribir la obra a interpretar de forma completa, empezar en cualquiera de las diversos movimientos, o referirse hasta el cansancio a datos armónicos y estructurales. Sin embargo, tiemblan ante la perspectiva de tener que interpretar de memoria en una presentación y seguirán bloquéandose aunque puedan retroceder en la partitura y buscar un punto clave para recuperar la memoria. Aún si consiguen una continuidad sin problemas, se sentirán inhibidos emocionalmente en el mismo proceso de la interpretación de la música. No cabe duda de que esta situación tan incómoda es la responsable de toda la ansiedad y la desesperación que surge antes de la presentación de una obra de memoria.

Con frecuencia, el debate sobre la memorización se centra alrededor de los valores relativos de los distintos tipos de actividad mental. Están lo que, por ejemplo, consideran que la actividad del «oído» o de la audición interna está por encima de toda otra clase de concentración. Es absolutamente cierto que el oído debería desarrollarse hasta el nivel más elevado posible, pero también es cierto que existen pocos músicos dotados hasta un punto tal, que aún después de años de formación y de estudio, puedan tocar todo lo que escuchan interiormente. Hay que tener en cuenta que también existen otros factores que trabajan en contra del oído. La música de extremo virtuosismo, las estructuras de notas que deben tocarse a gran velocidad y una multitud de relaciones difíciles que pueden existir simultáneamente, tanto en la música de gran disonancia o en la de naturaleza contrapuntística. La audición bien puede ser la actividad intelectual aislada de mayor importancia, pero sólo representa un aspecto de la totalidad del problema. En este sentido, es tal vez imprescindible tener en cuenta que los músicos que pueden improvisar con brillantez y que, por tanto, confían ciegamente en su audición interna, no necesariamente logran memorizar con facilidad la partitura de una obra determinada.

La memorización visual de la página es algo muy personal. Según parece, es una actividad del cerebro que, por naturaleza uno puede o no, tener tendencia a usarla. Los que poseen una gran memoria o «memoria fotográfica», como suele llamarse, son presumiblemente envidiables. ¿Acaso no es igualmente seguro tener guardada la música en nuestra mente que tenerla en el atril delante de los ojos? Aparentemente no. En muchos casos, las personas que en circunstancias normales, están dotadas de «memoria fotográfica», se encuentran, de pronto, con que su capacidad de concentrarse se bloquea debido a un elemento de presión. La necesidad de mantener la continuidad durante la presentación sigue creando miedos. Si se produce un bloqueo, siempre se puede visualizar nuevamente la página y continuar, pero ya se ha roto la continuidad y el daño esta hecho. Este miedo puede que no se manifieste en todos los músicos dotados de «memoria fotográfica», pero se cumple en muchos casos y, tan a menudo, que estos intérpretes buscan apoyos constantemente en otras áreas o disciplinas, para reforzar y complementar su memoria visual.

La memoria táctil o percepción táctil es una actividad emparentada con la memoria muscular, pero, sobre todo, es una en la que la mente se concentra en «sentir» los movimientos propios de interpretar *con* el instrumento y a la vez en la percepción de las sensaciones táctiles propias de tocar *el* instrumento. Tal como la memoria visual, el uso de la memoria táctil es muy personal, pero quienes tienen facilidad para utilizarla abundan en elogios sobre sus virtudes. El hecho de que sea un área semejante al de la respuesta muscular es su fuerza, porque sostiene o ayuda a la respuesta muscular, aumentando nuestra seguridad. Por otra parte es también lo que la hace algo peligrosa a menos que exista una actividad suplementaria.

Finalmente, llegamos al viejo suplemento o apoyo teórico de siempre, el análisis estructural y teórico. Es la técnica más recomendada universalmente y no cabe duda de que no debe descuidarse. Sus limitaciones, no obstante, le dan un lugar de importante técnica suplementaria, pero nunca prioritaria. Son limitaciones nacidas del hecho de que concentrarse en estos aspectos puede tener como consecuencia que actúen inhibiendo la buena respuesta muscular de los intérpretes. Además, sabiendo y comprendiendo que estos aspectos de la música son de gran validez para evaluar el contenido expresivo de una obra, está claro que no son sinónimos de dicho contenido y que no garantizan una reacción expresiva, sea por parte del intérprete o del público. Es más, en buena parte de la música del siglo xx, el análisis estructural o técnico llega a ser de una tal complejidad, que pierde toda incidencia en el calor del momento de la interpretación

Por tanto, parece ser bastante evidente que si queremos conseguir una acabada interpretación de memoria, la mayoría de estas actividades deberían utilizarse y desarrollarse, hasta cierto punto, en conjunción con un buen dominio de la respuesta muscular. Es muy posible que el equilibrio de estas actividades sea una cuestión individual, pero todas son necesarias y todas deben estar, en alguna medida, presentes en la interpretación.

Memorizar para la presentación en público

Uno de los errores más comunes consiste en atribuir a los fallos de la memoria la paralización o tensión muscular que a veces se produce bajo presión. Cierto es que esta tensión puede ser consecuencia de los fallos de memoria, pero también puede deberse a otras causas. Si hacemos responsable del problema a nuestra memoria y en realidad, un examen de nuestra capacidad para memorizar nos da buenos resultados, tendremos que detectar la incidencia de otros factores. Para encontrar la solución, podríamos formularnos algunas preguntas con respecto a la digitación. ¿Hemos ejercitado y trabajado repetidamente el pasaje donde se produjo el problema de modo que esté seguro y que se perciba bien en el sentido táctil durante las sesiones de práctica? ¿Será necesario dividirlo de otra forma desde el punto de vista mental, para mejorar la comprensión intelectual y la soltura muscular? ¿Está dominado con solidez el ritmo del pasaje, de tal modo que la pulsación y acentuaciones no se aceleren inconscientemente? Este tipo de interrogantes parecen dar por sentada la solución de los problemas con la memoria. Pero en realidad no es así. La memoria sólo puede aportar las imágenes mentales correctas y comenzar las series idóneas de respuestas musculares que se manifestarán a medida que se interprete la obra. No puede actuar como sustituto de una preparación suficiente o correcta.

Aquí la clave está dada por las palabras «suficiente o correcta». La mayoría de nosotros sabe lo que es «correcto». Sabemos lo que hay que hacer para llevar a cabo una práctica musical cuidadosa, lenta, utilizando distintas técnicas que el tiempo ha probado eficaces. Técnicas como las variaciones del ritmo, la repetición a distintas velocidades, el trabajar cada mano por separado. Lo que muchas veces se nos escapa es la medida, ese *cuánto* que debemos dedicar al ejercicio.

Una vez que hemos ejercitado y repetido varias veces un pasaje, tenemos la impresión de que lo dominamos bien y dejamos de trabajarlo. Aparentemente, estamos seguros y no volvemos a pensar en él. Luego, cuando llega el momento de la presentación, se descubre que en realidad no lo teníamos tan bien aprendido y que incluso es un desastre. La *presión* es un factor desconocido. Los intérpretes sin experiencia siempre subestiman el potencial de esta presión para distraer la concentración y la respuesta muscular. Podemos rechazarla abiertamente, pero hará falta una muy firme determinación que puede llegar a la obstinación.

Podemos señalar un número de actividades con programas de ejercitación que presentan enorme dificultades. Pero estos programas se ponen en práctica de manera tal, que aun frente a la presión o al trauma extremo, el individuo está tan impregnado de una determinada respuesta que es imposible que la actividad no se cumpla. Por ejemplo, el entrenamiento militar. Estos entrenamientos suelen ser tan rigurosos, que las respuestas se producen como una cuestión de supervivencia bajo condiciones de vida o muerte. La respuesta está tan impulsada por los factores que la determinaron, que pueden tomarse decisiones, alterarse los planes, utilizarse distintas tácticas y, aún así, alcanzar agresivamente los objetivos. En el momento en que esta acción se lleva a cabo, se deja de lado el miedo, que se ha vencido momentáneamente.

Una vez que hemos solventado de esta manera la dificultad y progresado, hay fuertes probabilidades de que la próxima vez será más fácil. O para decirlo con otras palabras, si logramos enfrentar y vencer el miedo una vez, probablemente el fantasma no será tan importante la próxima y, en circunstancias similares, costará mucho menos ganar la batalla. Con frecuencia se dice que la memoria es un músculo. Repetimos la frase mecánicamente, pero no profundizamos lo suficiente en el significado de esta analogía. Si la memoria es un músculo, deberíamos aplicar el mismo rigor a su desarrollo, que el que aplicaríamos al desarrollo muscular. Si queremos tener músculos más fuertes y más flexibles, tendríamos que destinar un periodo de tiempo diario a ejercitarlos. A la pregunta ¿Se dedica cada día a trabajar directamente en la memorización?, la mayor parte de nosotros confesaría que memoriza sólo cuando lo necesita, pero nunca como parte normal del programa de prácticas diarias. Y, sin embargo, dedicar quince o treinta minutos diarios a la memorización haría maravillas.

Por supuesto que memorizar no significa sólo repetir determinada sección que estudiamos una y otra vez hasta que podemos tocarla sin mirar a la partitura. Memorizar significa:

• Examinar los intervalos de cada línea concentrándose en su sonido y en su marco de referencia teórico –escala mayor o menor, modo, series de alturas– pensar la línea sin tocarla ni cantarla, luego pensarla mientras se toca y se canta.
• Examinar las estructuras verticales, tanto las directas como las implicadas. Encontrar las progresiones de acordes básicos y tocarlos en varias tonalidades como si fuesen progresiones independientes. Cuando se trata de acordes, hay que trabajarlos como si se tratase de una línea melódica para *solo*, propia de la música temprana para teclado o como el caso en que una sólo nota o dos en el bajo determinan una armonía que no está realizada en sí. Es decir, hay que encontrar y tocar acordes completos para que los internalice nuestra consciencia armónica y comprenda a dónde debe ir realmente. En este contexto a veces suele ser muy útil – y divertido – hacer algunos arre-

glos usando armonía básicas y materiales melódicos a la
manera de base para la improvisación. Es una astucia que no
tiene nada de original. Al contrario, su historia es notable,
porque Bach, Mozart, Beethoven Liszt y la mayor parte de los
compositores del siglo XIX fueron expertos en este tipo de técnicas. La única diferencia es que hoy no tocamos nuestras
paráfrasis en público.

* Examinar la música sin tocarla como si fuera un objeto para
  evaluar o como una manera de probar la memoria auditiva,
  tratando de cantar o tocar la música mentalmente sin emitir
  ningún sonido hacia el exterior.

* Como apoyo, verificar constantemente deteniéndose y reco-
  menzando en lugares problemáticos. Detenerse a mitad de la
  interpretación de una obra y continuar mentalmente por ejemplo, dos compases, luego retomar nuevamente el hilo de la
  interpretación.

¿Es difícil y consume mucho tiempo? Si, pero cuando uno
trabaja y ejercita diariamente una técnica, ésta se vuelve más
sencilla y consume menos tiempo. Si uno se fija un límite de
tiempo determinado para realizar el ejercicio, al principio pare-
cerá que no se produce ningún progreso. Sin embargo, pasadas
unas semanas, uno encontrará que es posible alcanzar a grandes
pasos en el tiempo que nos hemos fijado.

Una última advertencia. No hay que intentar abarcar más de
la cuenta y avanzar en la memorización de la obra hasta que la
primera tarea que uno se haya propuesto no esté perfectamente
aprendida. Si uno estudia, digamos, quince minutos o dos compases un día y cree haberlos memorizado, al día siguiente debe
comenzar repasando esos dos compases. Es muy probable que no
los recordemos con mucha precisión. No se trata de tocarlos una
o dos veces y seguir, sino más bien de repetir el proceso del día
anterior paso por paso, haciendo los mismos ejercicios con el

mismo cuidado y empezando desde el principio de la obra. Es probable que para terminar la tareas, esta vez sólo se necesiten diez minutos en lugar de quince. Esto deja cinco minutos libres para comenzar a estudiar el siguiente pasaje. Sólo dejaremos de practicar la primera parte a partir del día que se pueda tocar o cantar sin ninguna dificultad y con una sensación de seguridad y de tranquilidad. Entonces, se puede dejar de practicar esta parte un día y trabajar las otras. Una vez pasado ese día, hay que volver a repasarla un poco, hasta que se toque con total seguridad. Luego se dejan dos días antes de volver a repasarla y así sucesivamente.

Cuando la memorización se convierte en una actividad de rutina que forma parte del programa de estudio diario, pasa a ser una de las actividades más agradecidas y fascinantes de la práctica. Con el tiempo, nos procura ese tipo de seguridad que elimina toda duda con respecto a la conveniencia o no de interpretar de memoria en un concierto o recital. Llegado a este punto, uno ya se siente perfectamente bien aunque no tenga la partitura delante de sus ojos.

Capítulo 8

Pour les trois pédales...

Enseñar la pedalización supone una tarea tan compleja como la de ocuparse de la técnica básica de digitación. Sea cual sea la técnica que se trate, existen diversas opiniones con respecto a los criterios estéticos a aplicar y a los métodos más eficaces para ponerlos en práctica. Analizar el problema de la utilización de los pedales no se reduce a definir un punto de vista único como respuesta a dichos problemas. En realidad, supone una investigación a conciencia de las dudas e interrogantes que se plantean. En otras palabras, se trata de poner en relieve la importancia de la utilización de los pedales como factor determinante del resultado final de la interpretación.

El pedal fuerte o pedal de resonancia

Beethoven fue el primer maestro compositor que indicó en sus partituras una extensa utilización del pedal fuerte con lo cual nos legó una serie de problemas relativos a la pedalización. Sus borrosas e indefinidas líneas recitativas de la *Opus 31 N.º 2*, la combinación de las armonías de la tónica y la dominante en la *Opus 53* y en el *Concierto N.º 5* para piano no corresponden a los cánones de claridad armónica normalmente aceptados. Por tanto, tenemos que encontrar una explicación para esta tendencia, de alguna manera repetitiva, que escapa a nuestra comprensión.

Una de las hipótesis la explica, por así decir, con el argumento de que la audición de Beethoven se había deteriorado hasta un punto tal, que no comprendía lo absurdo de sus notaciones para el pedal. Como tal, no parece una hipótesis aceptable. La audición interna de Beethoven se agudizó mucho más en la medida que disminuía su capacidad de audición del mundo exterior. Las voces internas que produjeron los milagros creativos de sus últimos años, no podían ser, por un lado, de una sensibilidad tan extraordinaria y por el otro, de semejante torpeza. Además, el segundo movimiento del relativamente temprano *Concierto para piano en si bemol mayor opus 19*, presenta un ejemplo similar de combinación de armonías que, por lo general, consideramos incompatible. Sin embargo, es una obra escrita mucho tiempo antes de que su capacidad auditiva comenzara a deteriorarse sensiblemente.

Lo cierto es que deberíamos aceptar el hecho de que Beethoven tenía gran interés en el color tonal resultante de la combinación de las armonías, incluso la tónica y la dominante y que esta coloración era en él, un aspecto conceptual y una manera de utilizar el pedal como herramienta para vincular las líneas o las armonías.

Partiendo de la base de que estas combinaciones todavía hoy en día parecen demasiado avanzadas para muchos oídos, podríamos, en consecuencia, comenzar a considerar las diferencias entre las sonoridades de los pianos de finales del siglo XIX y del xx y las de los primeros en fabricarse. También podríamos añadir a la mezcla las diversas fases experimentales por las que el pedal ha pasado, como los pedales múltiples o aquéllos que dividían el teclado en registros superiores e inferiores con controles de sonoridad separados.

Si combinamos los conceptos relativos al interés de Beethoven por una cierta cantidad de mezcla de color armónico y la moderada sonoridad de los primeros pianos, nos enfrentamos a la necesidad de adaptar nuestra técnica del pedal de manera tal, que se incluyan ambos aspectos. Esto es, lograr una cierta mezcla, pero no tanta como la que puede conseguirse con los pianos de hoy en día cuando hundimos completamente el pedal.

Esta última conjetura puede inducir en muchos un pánico secreto, a medida que comienzan a contemplar la necesidad de dejar de utilizar el pedal, como si fuese un interruptor de encendido y apagado. No obstante, debemos aprender a adaptarnos a caminar por esa zona difusa propia de la utilización del pedal, manteniendo una continuidad con múltiples «posiciones». Una situación similar a la que supone la utilización del botón para subir o bajar el volumen del sonido, de un regulador de intensidad luminosa o del acelerador de un vehículo.

Este es un concepto que adquiere gran validez si se aplica a la solución de muchos de los problemas con el pedal. Por ejemplo, si examinamos las ediciones originales de música para virtuosos del piano del siglo XIX, encontramos un pedal para los arpegios, las escalas cromáticas y otras figuraciones, más largo que el que nosotros acostumbramos a usar en función de la claridad deseada. O, si observamos las largas indicaciones de pedal en forma de sonoridades del bajo en gran parte de la música del periodo entre fines del siglo XIX y la primera década del xx, nos encontramos nuevamente enfrentados con la necesidad de internarnos en esa zona gris de pedalización mitad resonante, mitad apagada.

La razón de nuestra sensación de incomodidad dentro de estos matices del pedal es, por supuesto, que nunca los hemos ni estudiado, ni enseñado, ni tampoco hemos experimentado con ellos. No nos sorprenda, pues, que en la mayor parte de las notaciones de pedal señaladas por los editores, se asuma que el pedal está o arriba o abajo, con los apagadores totalmente alejados de las cuerdas o totalmente silenciándolas.

Para entrar en este mundo colorido de sutiles matices, necesitamos comprender que controlamos el pedal gracias a una imagen auditiva y a la información que ya poseemos acerca de los aspectos auditivos, del mismo modo que controlamos el fraseo, el modo en que apretamos las teclas y los niveles dinámicos. Comprender, además, que el uso «correcto» del pedal puede cumplirse para un cierto conjunto de parámetros acústicos, pero no necesariamente es aplicable a otro conjunto distinto. Que la respuesta del pedal es distinta de un piano a otro (tal como lo es la acción) y que los ajustes de las voces y del equilibrio tienen una fuerte incidencia en su utilización. Y, que la clave para mantener la combinación deseada así como para dar lugar, sobre la marcha, a pequeñas correcciones y ajustes, está en la atención constante a la sonoridad en su conjunto.

El entrenamiento físico del pie podría comenzar observando en qué lugar exactamente los apagadores comienzan a apartarse de las cuerdas al presionar el pedal. En la mayor parte de los pianos ese lugar está increíblemente cerca del límite de acción del pedal. La medida necesaria en que tenemos que liberar o levantar el pedal desde esta posición para accionar los apagadores es increíblemente pequeña. En algún lugar a mitad del camino de este pequeño campo de acción, hay una posición en la que los apagadores están sólo parcialmente en contacto con las cuerdas, de modo tal que producen una acción incompleta. Una técnica elemental muy necesaria consiste en aprender a operar con seguridad dentro de esta pequeña gama de movimientos y sensibilizar nuestro pie para controlarla.

Es necesario ejercitar sistemática y constantemente la conciencia auditiva fundamental para desarrollar esta manera de abordar el uso del pedal. Los ejercicios destinados al aprendizaje podrían incluir las escalas con pedal, tocándolas de tal modo, que el uso del pedal no se detecte excepto cuando se suelta completamente. Un punto en el que el *legato* de las escalas, que previamente es luminoso, adquiere, de repente una sonoridad más seca y más intensa. Otro ejercicio consiste en sostener notas de pedal del bajo a lo largo de dos o tres cambios armónicos utilizando el medio pedal varias veces.

Otro aspecto de la técnica del pedal que necesita práctica es la independencia de la acción del pie con respecto a la acentuación rítmica y a la acción de levantar los dedos del teclado. Es posible concebir ejercicios sencillos en los que el pie debe soltarse en puntos determinados con un patrón rítmico o de pulsación. Por ejemplo, practicar soltando el pedal en la segunda de cuatro semicorcheas, y luego en la tercera, con el oído alerta para notar la diferencia. Cuando se introduce un espacio de claridad, un claro, en un pasaje con texturas, aunque sólo dure un instante, el efecto de esa claridad repentina es muy potente. Tanto, que la impresión general resultante permite algo de pedalización en pasajes en los que, de otra manera, sería inadmisible el uso del pedal. Sin embargo, aprender a medir el tiempo de la acción del pie para dejar estos claros puede ser problemático, dado que la mayoría de nosotros tiene muy arraigada la costumbre de «sacar» el pedal y «ponerlo» inmediatamente después, lo que constituye un acto reflejo. Por tanto, el hecho de soltar el pedal dejando un espacio de una nota o dos antes de volver a presionarlo será, desde el punto de vista muscular, una experiencia inédita y como es lógico, de gran dificultad.

Una vez más, el examen de las ediciones de principios del siglo xix nos sugieren dos datos. Primero, que dejar esos «claros» era una práctica común de la época. Segundo, que la costumbre de volver a presionar el pedal al instante surge con la aparición de la pedalización del sincopado o del *legato*, ya que el pedal se utilizó cada vez más como alternativa al *legato* con los dedos.

Estas indicaciones deben considerarse como claves posibles dentro de un rompecabezas histórico que, indudablemente, jamás podremos resolver. Para empezar, existe una fuerte probabilidad de que la composición tipográfica de esas ediciones no se realizara con el cuidado y la corrección necesarias para solventar una investigación adecuada, sin mencionar pura y simplemente las erratas. Sin embargo, dejando completamente aparte el proceso de impresión, nos queda el problema del uso de la notación en sí. Por ejemplo, cuando Beethoven escribe los primeros compases de la sonata *opus 31 N.º 2*, combina el pedal con una notación de *portato* para la mano. El *portato* sin pedal sugeriría una mínima franja de silencio entre las notas, pero *con* el pedal, el silencio no existe y nos quedamos con una forma de nota sostenida, siendo *portato*, pero distinta, tanto del picado como del ligado, pero que carece del elemento de silencio. Esta combinación abrió el camino para una sinfín de ambigüedades. Pronto nos encontramos con pedalización de notas *staccato* (sostenidas) e incluso los silencios. La validez de estas combinaciones no puede ponerse en duda, porque representan conceptos de sonido, sonoridad y textura que surgían del intelecto de los compositores. Pero el sistema de notación es tan ambiguo como para especular con diversas conclusiones, sin que exista la posibilidad de saber con seguridad lo que el compositor realmente pensaba o quería.

A medida que el siglo xix transcurría, la fascinación por las largas y complejas combinaciones de sonido siguió creciendo, según iban los compositores trabajando con armonías más alteradas y también iban explorando los límites de la capacidad sonora del piano. La combinación de elementos armónicos utilizando pedales más largos se convirtió en una cosa común, así como sucedió con el uso de varios registros del teclado utilizando el pedal para imitar las texturas orquestales. Esta perspectiva colorista alcanzó su cenit con la música instrumental escrita entre fines del siglo xix y la primera década del xx y continuó produciéndose en la obra de compositores más «románticos» ya bien entrado el nuevo siglo. A pesar del enorme incremento, tanto en cantidad y sutileza, como en sensibilidad en cuanto al uso del pedal que sugieren por igual la tradición musical y la interpretativa, el método básico de notación se mantuvo sin modificaciones. Haciendo una brutal simplificación, simplemente se siguió indicando sólo, si la nota era o no pedal.

Sin embargo, lo que sí sucedió es que el simbolismo se trasladó del compás al cambio sincopado. La nota acentuada, que una vez fuera del tiempo habitual para bajar el pedal, se convirtió en el tiempo en el que se soltaba el pedal. Así, se limpiaba la armonía precedente, para volver a pedalizar inmediatamente antes de que las teclas se soltaran. El efecto que se consigue es, por supuesto, el de crear una base sonora conectada que, manejada con cuidado, atacando y soltando las teclas, consigue el *legato*. Fue tan útil, especialmente en el contexto del uso de extensiones extremas del instrumento, que se convirtió en una técnica que virtualmente reemplazó a todas las otras formas de abordar el problema.

Esta pedalización llamada de «sincopado» o de «legato» aún sigue siendo la técnica básica que se enseña en las clases. Todavía sirve admirablemente para solventar una cantidad de situaciones. Por desgracia, también nos ha limitado dejando de lado, sino olvidando, un gran número de otras técnicas muy útiles. Por tanto, hoy en día, rara vez se practica metódicamente la ligadura con los dedos. El pedal que sigue la acentuación ha sido olvidado, el medio pedal sigue siendo relativamente desconocido y el pedal con precisión rítmica para crear espacios «claros» se desarrolla raras veces. Los maestros necesitan investigar una mayor cantidad de posibilidades de técnicas de pedal y es necesario dedicar tiempo a la ejercitación, tanto del pie, como de la percepción auditiva de la textura general. De esa manera podremos añadir otra dimensión entera de individualidad expresiva a las interpretaciones y lograremos que la percepción y la interpretación de la escritura instrumental de fines del siglo xix y del siglo xx sean mucho más accesibles.

El pedal tonal

La mayor parte de los maestros y de los pianistas sienten una fascinación casi inmediata por el potencial sonoro del pedal tonal, que se encuentra en la posición central en los pianos que cuentan con tres pedales. La idea de poder sostener los sonidos, de «capturarlos» con el pedal y luego incorporar esa sonoridad continua para jugar con una variedad de otras texturas y formas de toque es un concepto muy interesante en sí mismo. Es bastante evidente que ofrece soluciones puestas al día para la comprensión de aspectos problemáticos del pedal en buena parte de la música de los siglos xix y del xx.

Si bien este mecanismo se inventó cerca del final del siglo xix, su utilización no fue común hasta llegar a los pianos de la segunda o tercera década del siglo. Primero se incorporó en los pianos fabricados en Estados Unidos y luego, en la segunda mitad del siglo, en los pianos de cola europeos. Prácticamente no fue hasta 1950 que los compositores se interesaran específicamente por los efectos especiales asociados con el uso del pedal tonal. Y, cuando esto sucedía, por lo general estaba indicado con toda nitidez y con notaciones especiales. La utilización del pedal central como mecanismo que podría resolver algunos problemas relativos al uso del pedal derecho, es una opción que tenemos a nuestra disposición. Pero es, a su vez, un procedimiento que tiene su propia carga de dificultades y peligros que han de tenerse muy en cuenta a la hora de utilizarlo.

Primeramente, el pedal tonal necesita tiempo para «instalarse». En el contexto de un pasaje con movimientos rápidos, una inoportuna ruptura de la continuidad del flujo sonoro o de la textura pueden suponer un impedimento importante para conseguir la limpia posición de la sonoridad que deseamos sostener. Segundo, si conseguimos una buena posición, las notas de la sonoridad sostenida pueden reactivarse al tocar aquellas notas del pasaje siguiente que forman parte de sus series de armónicos. El efecto resultante puede ser tal, que estas notas vibren con mucha más resonancia que sus vecinas. Pueden percibirse como una producción de tonos desiguales en el pasaje que trabajamos y, por tanto, dañando considerablemente su belleza o su eficacia. Tercero, el pedal central es unos de los mecanismos menos estables del piano moderno. Aun en aquellos instrumentos de excelente calidad y bien conservados, las notas suelen «bloquearse» de tal manera, que continúan sosteniendo el sonido que el pedal «instalara» originalmente. Con frecuencia se produce el efecto inverso, de modo que una o más de las notas de la sonoridad que hemos «instalado» se pierden con gran rapidez a medida que se toca el pasaje siguiente. Estas inseguridades hacen preferible planificar y practicar la utilización de una pedalización de apoyo o de reserva que utilice sólo el pedal de resonancia en caso de que aparezcan problemas mecánicos inesperados con el pedal tonal, sea antes o durante la presentación.

Otra reflexión sería necesaria antes de precipitarse a utilizar el pedal tonal para tratar de resolver un problema de pedalización. Si el compositor no ha indicado específicamente el uso del pedal tonal, es probable que sea porque estaba tratando de crear una sonoridad utilizando el pedal de resonancia juntamente con un cuidadoso ajuste de los sonidos de los acordes, con un equilibrio y quizás una cierta medida de pedalización mitad resonante mitad suave. La sonoridad que puede esperarse es bastante diferente de la que se crea utilizando el pedal tonal. En última instancia, podríamos optar por usar el pedal como la solución más satisfactoria. Pero también podríamos encontrarnos, verificando con sensibilidad las cosas, que los parámetros que utilizó el compositor producen un sonido mas apropiado y más atractivo. Por lo menos deberíamos experimentar sin utilizar el pedal tonal, no sólo para explorar el concepto sonoro que podían haber imaginado los compositores, sino también para desarrollar técnicas más complejas de utilización del pedal resonante. Unas técnicas a las que podremos acudir cuando nos sean necesarias.

El pedal de sordina o *una corda*

Los consejos para la utilización del pedal de sordina difieren ampliamente de un maestro a otro. En un extremo del espectro están los que evitan su uso y que además advierten que uno nunca podrá aprender a tocar con suavidad a menos que descarte totalmente la utilización de un mecanismo que hace las veces de una muleta. En el otro extremo están los que recomiendan su utilización constante, llamándonos la atención sobre el cambio en el color tonal que ello implica; por lo menos en el caso del piano de cola, donde, al presionar este pedal, se activa un menor número de cuerdas. Aquellos que están a la escucha de este cambio de color no ven el pedal de sordina como un mecanismo para producir sonidos más suaves, sino más bien como un medio para «refrescar» el oído con un «nuevo» timbre. Coherente con esta manera de pensar, el consejo a seguir es usar el pedal de sordina y proyectar el sonido a través de su intensidad disminuida, tocando *mezzo forte* o *forte*. Probablemente, Scriabin pensaba en este tipo de efecto cuando escribió la primera página de su *Sonata en fa sostenido menor opus 23*, donde pide que se use el pedal de sordina junto con un nivel dinámico *forte*. En el mundo cotidiano que transcurre en el cubículo donde estudiamos, solemos utilizar el pedal de sordina para defendernos del incesante y áspero sonido de los martillos endurecidos por tantas horas de uso. En tales situaciones, podemos condicionar al pie izquierdo para que ataque rápidamente salvando al oído de escuchar vibraciones desagradables o asperezas. Tal hábito puede desarrollarse hasta convertirse en un acto reflejo, aún cuando toquemos un piano en buenas condiciones que no necesite tal utilización y, por tanto, es factible de causar deterioro en la capacidad de desarrollo del control técnico del sonido.

Por otra parte, existe una pequeña astucia muy útil que sirve para suavizar el sonido de un instrumento de concierto que tiene los martillos gastados por el uso. Hay que presionar el pedal de sordina sólo lo necesario para evitar que las partes desgastadas toquen las cuerdas, de modo que éstas resuenen gracias a la acción de fieltros en buen estado. Por lo general, sólo con presionar el pedal de sordina un mínimo de su extensión, conseguiremos el efecto deseado sin alejar tanto los martillos como para que pierdan contacto con el número normal de cuerdas. Dado que un equilibrio de este tipo sólo puede mantenerse colocando el pie en una posición intermedia, es muy probable que cause fatiga de la pierna o del tobillo. Su utilización debe ser selectiva si la ejecución dura un periodo largo de tiempo.

El peligro de la utilización del pedal de sordina surge, entonces, en el momento que uno sucumbe a los frecuentes actos reflejos, en lugar de mantener una concienzuda percepción auditiva y de discriminación del ataque. Como herramienta para colorear las líneas *cantabile* o para mezclas de armonías, el pedal de sor-

dina puede resultar muy evocador. Pertenece, junto con el pedal
de resonancia, a los elementos que tienen potencial para agregar
interés y belleza a la sonoridad. Pero también, como el pedal de
resonancia, su utilización debe obedecer a una planificación
correcta y sus efectos deben evaluarse constantemente de la
mano de una atenta percepción auditiva.

Capítulo 9

La búsqueda del equilibrio

La oposición subjetividad-objetividad

Hoy en día nadie iniciaría una polémica que pusiera en tela de juicio el poder del condicionamiento psicológico propio de nuestra época. Desde nuestro primer curso en psicología básica en la universidad, donde leímos acerca de Pavlov y sus perros, hasta las tramas de la mitad de los argumentos del cincuenta por ciento de las películas de la televisión o del cine, nos ofrecen pruebas arrolladoras. Demuestran que se puede condicionar la mente para que responda de una determinada manera a un estímulo dado. Aun si dejamos de lado las limitaciones de los experimentos de laboratorio, probablemente estaremos de acuerdo en que en la vida cotidiana nos están condicionando constantemente. A lo largo de los años, nos construimos gustos, odios y expectativas, tanto buenas como malas. Estas construcciones se concretan en una serie de conceptos que, en su conjunto, pueden resumirse como un tipo de filosofía de la vida.

Lo interesante del asunto es que, para muchos de nosotros, esa filosófia de la vida está formada a partir de acontecimientos obra del azar que sucedieron en épocas muy tempranas. Estamos condicionados por una serie de coincidencias o de acontecimientos casuales o bien, por la escucha de la experiencia ajena, a partir de la cual llegamos a determinadas conclusiones. Más tarde, después de que hayamos elaborado nuestra propia filosofía, incluso tenderemos a seleccionar aquellos hechos que convienen a nuestra manera de pensar y a rechazar o ignorar los que no lo hacen. Mantener nuestra filosofía de la vida se convierte en algo más importante para nosotros que el hecho de mantener la objetividad. Vivir según nuestros principios llega a ser más importante que descubrir realmente donde está la verdad.

Determinar la verdad objetiva en términos metafísicos es un problema que ha preocupado a los pensadores desde la noche de los tiempos. Muchos son los que opinan que no existe una «verdad» metafísica que se cumpla para todas las situaciones. Pero sí es posible concebir una percepción con una mayor objetividad relativa en oposición a una percepción subjetiva. Probablemente, la mayoría de nosotros poseemos zonas en las que la subjetividad parece ser lo más importante. Nuestra sociedad nos condiciona para funcionar en esas zonas en muchas instancias. Por ejemplo, vivimos dentro de un orden social donde «enamorarse» se interpreta como un hecho de gran subjetividad. En este apartado, incluso se considera que la subjetividad es deseable. Los matrimonios de conveniencia se consideran como una falta de sensibilidad y desposar a la persona de nuestros sueños se considera maravilloso. El hecho de que, con frecuencia, la persona de nuestros sueños, termine por estar lejos de ser el complemento perfecto y que, en realidad, no tenga nada en común con nosotros, subraya la debilidad de lo subjetivo como tal, ya que puede crearnos un buen número de dificultades. Por otra parte, nadie puede apasionarse gran cosa por una relación planificada teniendo en mente sólo aspectos financieros, genéticos o estructuras de poder. Da la impresión de que tales consideraciones parecen, de alguna manera, despojarnos del goce, la alegría y el arrobamiento asociados normalmente al amor y al matrimonio. En ningún espacio es tan importante establecer un equilibrio entre estos dos conceptos, el de subjetividad y el de objetividad, que en el del hacer musical. Cuando un intérprete camina demasiado lejos en la dirección de la subjetividad, el resultado es caprichoso e inestable. Por otra parte, si se mira la música totalmente con la atención puesta hacia la percepción objetiva de lo que está en la partitura, podemos encontrarnos con un bloqueo de la respuesta subjetiva, dando como resultado, en el peor de los casos, una interpretación aburrida y, en el mejor, una mediocre.

Desde una perspectiva histórica, durante el siglo xx se alcanzaron ambos extremos de los lados del péndulo. Fue un siglo que comenzó su andadura en una época en la que en muchas partes, se alzaban voces a favor de la subjetividad. La filosofía del siglo xix había preparado el camino para poner de relieve la respuesta emocional individual al estímulo artístico. Los temas típicos que se ocupaban de las grandes emociones y de las causas de gran trascendencia que gozaban de popularidad eran las relativas al amor, la muerte, la salvación o el destino. Era más importante sumergirse en esas emociones y saturarse de ellas, que el proyecto escrito que debía servir de guía, esto es, la partitura musical. Busoni, considerado un músico de extrema objetividad y racionalidad, dedicó varias de las páginas de su *Estética* a explicarnos cuán patéticamente inadecuada resulta la partitura, comparándola con el espíritu que yace bajo la idea creadora. El concepto resume que uno debería tener toda la libertad posible para interpretar la partitura siempre y cuando mantenga con toda claridad el espíritu propio de la obra.

La alteración y manipulación excesiva que se llevó a cabo entre fines del siglo xix y principios del xx creó distorsiones tan grotescas que, según muchos opinan, destruyeron el espíritu de las obras. La reacción era de esperar y la frase «hay que ser fiel a la partitura» se convirtió en el santo y seña de los maestros, alumnos y de muchos intérpretes. La ascensión de la musicología nos condujo al estudio de la práctica de interpretaciones históricas y pronto la objetividad en el estudio y en la investigación fue prácticamente un sinónimo del gran arte. Aun en el auge de esta tendencia se produjeron excepciones, obra de artistas de renombre que obviamente interpretaron la música de una manera muy personal. Es el caso de Rachmaninoff, Rubinstein, Horowitz o Kreisler, todas personas que pertenecían a una época que conservaba buena parte de la tradición del siglo XIX.

No obstante, muchos músicos jóvenes se adhirieron a la tendencia que abogaba por una mayor objetividad, por lo menos, en lo referente a su propio trabajo. Llevaron al público sus interpretaciones, después de arduo trabajo y densa investigación. Por tanto, no fue poca su sorpresa al comprobar que sus esfuerzos solían recibirse con quejas tales como «hoy día, todo el mundo toca igual» u «hoy en día todos son buenos, pero ninguno emociona». Pronto, muchas personas comenzaron a mirar el pasado como «la edad de oro» repleta de interpretaciones que ya nadie era capaz de realizar.

Poco a poco, durante las últimas décadas, un buen número de músicos formados en la corriente objetivista han ido desprendiéndose y alejándose de ella. Han alcanzado un grado de análisis tan complejo como para llegar a comprender que, tal vez, esa fidelidad sin límites a la partitura no sea la única manera de estudiarla. Algunos compositores han sido cuidadosos y exactos en su notación y otros no tanto. Algunos compositores estaban amoldados temperamentalmente al concepto de un ideal abstracto en lo que respecta a la interpretación de su música. Otros, probablemente nunca concibieron un ideal como tal y, en realidad, eran más proclives a ver toda la música desde el punto de vista de la improvisación. Muchos han comenzado a replantearse la cuestión de la subjetividad en el campo de la música. La leyenda atribuye las palabras que siguen a Pau Casals: «Las notas de la página no son importantes, lo importante es lo que está entre las notas.» Dicho esto, uno debe, de alguna manera, tratar tanto de integrar como de equilibrar las dos caras de la moneda: su propia respuesta emocional a la música y un estudio de sus aspectos musicales e históricos realizado con mayor objetividad.

La dificultad inherente a encontrar un equilibrio es que una vez que nos quedamos atrapados en un perfil emocional determinado, una vez decidido el clima anímico general de la obra y una vez que los detalles de los matices evolucionan según los modelos que preferimos, tendemos a encerrarnos en nuestra opinión sobre cómo debería ser la obra en toda su expresión sonora. Esta posición tiene la ventaja de que nos ofrece seguridad en nuestras convicciones y autoridad, una capacidad para «vender» un concepto aún a aquellos que pueden tener una idea muy distinta de la música. La desventaja es, sin embargo, que uno puede quedarse encasillado en sus ideas excluyendo tanto los aspectos estilísticos profundos revelados por la investigación histórica, como los relativos al desarrollo de nuestra futura creatividad personal con respecto a la música.

Encontrar el equilibrio entre lo subjetivo y lo objetivo en nuestro trabajo suele exigir dos tipos diferentes de métodos. Por temperamento y formación, cada uno se inclinará naturalmente hacia una u otra dirección. Cualquiera que sea dicha dirección, tenemos que condicionarnos para cambiar nuestra manera de abordar el trabajo de vez en cuando. Si lo primero que surge es la respuesta subjetiva, después de un tiempo habrá que serenarse y trabajar con mucho cuidado, disminuyendo la llama del fuego de la reacción emocional. Esto es una simple cuestión de disciplina. Uno tiene que condicionarse para pensar, analizar, evaluar y lograr el control de la situación. Luego habrá que volver a nuestro sentimiento instintivo con toda la racionalidad adquirida. Si, por otra parte, en la primera etapa de estudio lo que surge es la capacidad de análisis, el control de la notación expresiva, trabajar cuidadosa y lentamente, también habrá que detenerse y hacer una especie de revisión. Escuchar la obra en nuestro interior y condicionarnos para acelerarnos emocionalmente hasta sentir que el fluir de las emociones aporta una respuesta cargada de emotividad. En cuanto que hayamos comprendido y sentido dicha respuesta, podremos potenciar el cuidadoso trabajo racional realizado con aquello que hemos internalizado de los aspectos emocionales. Cualquiera que sea la forma que nos convenga, se trata de condicionarnos durante el tiempo de práctica a lo largo de muchos días, de tal modo, que ganemos en flexibilidad al conseguir el equilibrio entre el entusiasmo subjetivo que despierta la música y la fidelidad objetiva a la música que interpretamos.

Trabajar contra la esencia de nuestras inclinaciones naturales es una técnica valiosa para equilibrar los excesos de nuestros alumnos. Al alumno, cuyo hacer musical está signado por la respuesta emocional hasta el punto de perder disciplina y la óptima coherencia necesarias, hay que guiarlo de tal modo, que considere los valores de la partitura trabajando creativamente. Para ello, debe poner en juego una fuerte fidelidad a todas las directivas escritas, una consideración detallada del diseño de la composición y de sus relaciones estructurales y una visión detenida de la historia de la práctica de la interpretación adecuada. Al alumno que es fiel a todos los detalles conceptuales de la obra, pero cuyo producto final, carece, de alguna manera, de un entusiasmo y una emoción personales, hay que despertarle la emotividad. Hay que relacionar lo analítico o lógico con el impulso emocional básico de la música y el impulso creador del compositor y ver cómo se vinculan ambos aspectos con las vivencias emocionales propias de las experiencias personales del intérprete.

Podríamos discutir cuál de las direcciones se resiste más a los deseos apremiantes del maestro. Algunos votarían por la pesada tarea de «domar» el espíritu libre de tal modo que lo instintivo se convierta en belleza artística. Otros señalarían la difícil tarea de encender el fuego de la inspiración en la fría mirada del análisis intelectual. En ambos casos podemos lograr felices resultados. Si bien es posible que nunca se altere totalmente el temperamento básico de un músico, cada uno tiene la posibilidad de llegar a comprender y a utilizar el proceso de modo que sus dotes instintivas pueden mejorarse artificialmente incorporando elementos del temperamento opuesto al suyo.

La práctica de la interpretación

La mayor parte de los maestros de piano son respetuosos con la totalidad del campo de la práctica de la interpretación y, dentro de un lógico grado de flexibilidad, están dispuestos a hacer un esfuerzo honesto y constante para ir en la dirección de la aplicación inteligente y coherente de las prácticas que se sostienen gracias a la evidencia histórica. Por ejemplo, en los últimos cincuenta años, los maestros se han preocupado mucho acerca de la cuestión de trabajar con buenas ediciones. La mayor parte de los maestros buscan o bien ediciones Urtext (reproducción de ediciones originales) o ediciones críticas en las que las notaciones del autor se distinguen claramente de los aportes de la editorial y de otras indicaciones sobre la interpretación. La mayor parte de los maestros tienen conceptos bien definidos acerca de la utilización adecuada de los pedales, la ornamentación a realizar e incluso de los parámetros estéticos sugeridos por el marco histórico de la música. La mayor parte también comprende que el estudio y la investigación constantes aportará luz sobre nuevas evidencias que, a su vez, serán las bases sobre las que se establecerán consideraciones con respecto a la comprensión en el día presente de la música del pasado.

Por otra parte, tenemos que enfrentar con toda honestidad dos aspectos indiscutibles. Uno, el hecho de que existen límites y que, probablemente, para los puristas, nuestros esfuerzos nunca llegarán a ser suficientes para recrear los estilos del pasado. Y dos, que aunque podamos equivocarnos porque sólo hacemos parte del camino en la búsqueda de la autenticidad, de hecho, somos el vínculo principal a través del cual la mayor parte de la música seguirá viviendo. De modo que al definir tanto nuestra posición, como sus fuerzas o debilidades, guardamos la secreta esperanza de liberarnos de esa vaga sensación de culpa que emerge cuando se trata el problema de la autenticidad. Una culpa que muchas veces socava insidiosamente nuestros mayores esfuerzos. El hecho de saber qué terreno pisamos no nos librará de las críticas, pero, por lo menos, podemos ser claros acerca de nuestros propios parámetros estéticos. Entonces, dentro de nuestros límites, seremos capaces de hacer lo mejor que esté de nuestra mano para ser fieles a la letra y al espíritu de la música que interpretamos.

En este contexto, el problema mayor está en la utilización en sí de los pianos modernos para interpretar obras compuestas antes de que el instrumento se desarrollara para llegar a su estado presente. La controversia que rodea este problema tomó proporciones importantes cuando, a mediados del siglo xx, las prácticas de interpretación del siglo xviii fueron objeto de una gran cantidad de investigación musicológica. El clamor contra las distorsiones de las prácticas editoriales del siglo xix aplicadas a la música del siglo xviii, se hizo extensivo a los instrumentos mismos. Por tanto, a medida que los pianistas interrumpimos nuestra utilización de las ediciones del siglo xix de la música de épocas anteriores, también se nos presionó para que dejásemos de interpretar la música del siglo xviii en el piano.

Muchos pianistas que habían trabajado intensiva y extensiva-
mente en el repertorio del siglo XVIII, se encontraron en una posición en la que, o abandonaban el piano como instrumento principal, o dirigían su atención hacia un segmento posterior de la obra
musical, o luchaban contra la corriente. Algunos decidieron mantenerse firmes en su posición y argumentaron que si se observaban
cuidadosamente las prácticas interpretativas del siglo XVIII, se lle-
gaba a la conclusión de que la elección del instrumento para interpretar la música era un asunto flexible. Añadían que, ampliando
este concepto, el piano podía bien incluirse en la familia de los
instrumentos de teclado con los que se podía interpretar la música.
Otros cayeron sobre la influencia de la nueva tendencia y evitaron
interpretar en público la música del siglo XVIII por miedo a provocar
críticas adversas, limitándose a utilizar dicha música sólo para la
enseñanza en sus salas de clase.

Aquellos pianistas que osaron oponerse y continuaron tocando
la música del siglo XVIII al piano, hicieron adaptaciones para conseguir una interpretación ajustada. Se limpió la ornamentación, el
pedal se limitó a un cuidadoso y adecuado acento en las texturas y
hubo un intento de hacer la articulación de modo que estuviera
más de acuerdo con la variedad de ataques no *legatos* que se utilizaron en aquel periodo. Los puristas nunca cedieron ni se apaci-
guaron frente a estos esfuerzos, pero para muchos intérpretes de
teclado estas concesiones les han resultado perfectamente válidas.
(Podría hacerse una comparación con el mundo del teatro, donde
se aceptó el hecho de que la conversación entre extranjeros en su
país natal se hiciera en inglés, una elección de idioma por demás
inverosímil, pero necesaria, dado el hecho de que un público de
habla inglesa necesita comprender lo que se dice. Por tanto, la
compensación por la improbabilidad del hecho estaría interpolada
por el acento extranjero que simulan los actores.)

Una vez que se hubo llegado a una suerte de acuerdo con
respecto a la música del siglo XVIII, pronto los pianistas se dieron

cuenta de que los puristas volvían al ataque una vez más. Las investigaciones de los últimos años del siglo XX, se concentraron en las maravillosas virtudes de los primeros pianos. Los fabricantes de nuestra época podían adaptar varios modelos de pianos para recrear los de finales del XVIII y de principios del siglo XIX. Por tanto, los expertos comenzaron a exigir que se dejara de tocar Haydn, Mozart y Beethoven con los pianos modernos. De hecho, la mayoría de los pianistas estaban de acuerdo en que el estudio de las interpretaciones de las obras del periodo con los instrumentos de su época era esclarecedor y ventajoso. Pero abandonar un segmento musical tan enorme, un segmento al que la tradición había concedido durante tantos años a los pianos contemporáneos es una tarea muy difícil. De modo que los pianistas prefieren hoy en día, retomar los pianos actuales haciendo algunos ajustes que tienden a crear el apropiado entorno estético. Prefieren encontrar una justa medida haciendo concesiones antes de abandonar el instrumento que aman.

Los puristas siguen quejándose, aferrándose a sus esperanzas en que exista un mundo donde no haya espacio para la distorsión estética, tal como ellos la conciben. Desde su punto de vista hoy escuchamos que el piano actual sólo es apropiado para la música compuesta después de Brahms y que las interpretaciones de los compositores para «piano» del siglo XIX, incluídos Schubert, Chopin, Liszt, Shcumann y Brahms, sería mejor dejarlas para aquéllos capaces de encontrar pianos de la época o pianos actuales, pero adaptados para ese fin. En el mundo laboral de la profesión está claro que los pianistas no van a abandonar ni a su Scarlatti ni a su Bach, ni mucho menos Haydn, Mozart y Beethoven y con toda seguridad, tampoco dejarán de lado a los compositores del siglo XIX. La mayoría se contentará viviendo con sus imperfecciones (si, en realidad lo son), haciendo lo que puedan para perfeccionar la percepción de las prácticas y las estéticas de la historia realizando al mismo tiempo, los ajustes

necesarios en los pianos que tienen a mano. Algunos gritarán
«¡Ni hablar!» Pero nuestra defensa consiste en afirmar que con-
tinuamos haciendo honor a la música estudiándola, amándola y
tocándola con inteligencia. No todos podemos poseer y mantener una colección de instrumentos de época, pero sí *podemos*
tratar de usar con sensibilidad los instrumentos que poseemos
cuando adaptamos la música antigua a las posibilidades de hoy
en día.

(Una posibilidad interesante está en la utilización actual de
los sintetizadores *midi,* que simulan instrumentos de época y,
que en verdad, si se los utiliza con cuidado, nos pueden enseñar
mucho acerca de los sonidos de esos instrumentos. Sin embargo,
sin la adaptación y el ajuste de los aspectos mecánicos, es posible que el proceso físico de activar y controlar estos sonidos
difiera tanto del de los verdaderos instrumentos de época, que
su valor educacional resulte limitado. Muy pronto, la tecnología
informática, una fuerza tan poderosa como es, posiblemente
resuelva el problema de simular los distintos teclados antiguos.)

Capítulo 10

Desafíos contemporáneos

Una causa a defender

En tanto que maestros e intérpretes, constantemente se nos critica nuestra falta de voluntad para comprometernos más a fondo con la música contemporánea. Se nos tacha de anacrónicos, aún cuando todas las semanas enseñamos e interpretamos a Bartók o Prokofieff como ejemplos de la actividad musical del siglo xx. Para el intérprete la causa es indudablemente importante. Dado que se manifiesta con contundencia y, a menudo, da la impresión de que no somos capaces de reconocer algunas de las falacias que esta posición conlleva. Igualmente, parecemos olvidar completamente que exista una causa que necesita abogados defensores. Consideremos por un momento las falacias de los argumentos de la parte demandante y al hacerlo, quizás podamos comprender alguno de los problemas implicados en la manera de desenvolvernos con respecto a la música contemporánea.

Para comenzar, los que nos urgen a comprometernos con la música contemporánea suelen utilizar la palabra «contemporánea» en un sentido extremamente selectivo. Normalmente, se refieren específicamente a aquella música del siglo xx que de alguna manera utiliza lo que solemos llamar materiales de vanguardia. Son materiales que comprenden la escritura musical en un sinnúmero de tendencias y estilos. Primero, tenemos la música monotonal, dodecafónica o serial y la música que depende fundamentalmente de las texturas fragmentadas y disjuntas. Luego, la música con un ritmo de peculiar complejidad, con frecuencia muy irregular con respecto a la pulsación tradicional y la música que, en ocasiones, utiliza valores de tiempo matemáticamente irracionales. Por fin, la música aleatoria y la música que no utiliza el piano para tocar las teclas sino de otras maneras. Sería el caso este último de pulsar las cuerdas, raspándolas o rasgueándolas, muchas veces con ayuda de diversos objetos, sean gomas, tornillos, *clips* para papel o incluso dedales.

Con esta utilización de la palabra «contemporánea» para designar un tipo especial de música, el intérprete descarta o ignora, automáticamente, una buena cantidad de música que, de hecho, forma parte del escenario contemporáneo. Por ejemplo, todos conocemos una gran cantidad. de música compuesta recientemente que se intenta utilizar como material de enseñanza y que está basado, principalmente, en los conceptos de armonía, ritmo, melodía y textura propios de los siglos xviii y xix. Es una música muy útil para guiar a los alumnos hasta el momento en que puedan trabajar directamente con los grandes maestros de aquellos siglos.

Es más, aparte de los materiales didácticos, existe un extenso repertorio musical, obra de compositores del siglo xx. Músicos que escogieron la vía de seguir utilizando —previa puesta al día— los conceptos relativos a la escritura tradicional de una partitura. Como intérpretes, si enseñamos y tocamos este tipo de música, tendríamos una calificación dos puntos más elevada que en el caso de ocuparnos de Bartók-Prokofieff, aunque tal actividad no mejorará la valoración de nuestro trabajo en forma apreciable. El resultado es que muchos compositores de envergadura parecen carecer de importancia. Como sería el caso de la escuela rusa con compositores como Kabalevsky o Shostakovitch, de estadounidenses como Copland, Barber, Lees, Muczynsky o Persichetti, de latinoamericanos como Villa-Lobos o Ginastera, de europeos como Poulenc, Martin o Martinu. Habría que agregar un apreciable segmento del grupo británico que cuenta con Britten, Leighton o Fergusson, así como virtualmente la totalidad de la escuela española.

Ahora bien, es cierto que este extenso cuerpo de música pertenece al lado conservador del escenario del siglo xx y que mucha de ella se compuso antes del año 1950. No obstante, no hay razón para clasificarla con tanta ligereza, rechazarla de plano y eliminar su representatividad como parte del pensamiento musical contemporáneo. Después de todo, existe, dentro de esta categoría, una gran cantidad de obras importantes cuyos autores fueron compositores de gran relevancia. La mayor parte está compuesta de la mano de una gran experiencia y aunque quizá no podamos garantizar su supervivencia dentro de las generaciones a venir, tal garantía tampoco es segura para el resto de la música de nuestra época, sea cual sea.

El segundo aspecto de la interpretación que merece análisis es el que asume que la música de vanguardia aceptada como tal, tiene derecho a ser escuchada y que, si no se comprende o se aprecia inmediatamente el escucharla repetidas veces, aportará el esclarecimiento y un cambio del punto de vista por parte del oyente. Ahora, analicemos cada punto por separado.

Si una persona sugiere que la nueva música tiene derecho a que se la escuche simplemente porque es nueva, esta sugerencia implica, en realidad, el derecho a ser escuchada en una representación pública. La preparación de un concierto de esta nueva música consume tiempo, y el tiempo de trabajo de un músico vale dinero, igual que el de todo el mundo. Por tanto, una inversión de tiempo para preparar una obra nueva e interpretarla es una inversión muy concreta. Si, después de que el intérprete haya analizado y estudiado la nueva partitura, la inversión le parece que merece el esfuerzo, perfecto. Si, según la opinión del intérprete, la inversión no merece el esfuerzo, no puede exigírsele en absoluto ningún tipo de obligación de preparar e interpretar la obra en nombre del supuesto «derecho» a la escucha.

Nadie esperaría que cada nueva obra teatral que se escriba tenga el «derecho» a la producción o que cada nueva novela tenga «derecho» a una inmediata publicación. Producir obras de teatro y publicar novelas cuesta dinero. Y, si un productor o un editor invierte en una nueva obra es porque cree en la obra, sea debido a que la obra posee cualidades comerciales o artísticas. Esperar que los intérpretes preparen e interpreten nuevas obras, simplemente para que puedan escucharse, es desvalorizar el tiempo y el esfuerzo que realizan. Tal como el productor y el editor, el intérprete debería tener todo el derecho a esperar que su inversión, tanto de tiempo como de esfuerzo, traiga como resultado una devolución satisfactoria y feliz. Y no olvidemos que aún así, el intérprete, casi siempre, piensa en términos artísticos y, tal vez, en la posibilidad de potenciar su propia reputación profesional.

Volvamos ahora al punto que afirma que el hecho de escuchar repetidas veces será esclarecedor y logrará la apreciación de una nueva obra. Cabe señalar que tal afirmación es, en el mejor de los casos, una verdad a medias. A la evidencia histórica que nos da noticia de obras famosas que fueron recibidas con notorio rechazo en su primera interpretación, podemos siempre oponer la contraria, equilibrando así la balanza. Son los ejemplos de obras maestras que fueron aceptadas con gran entusiasmo en el momento en que se estrenaron. Debemos también comprender que los principios de esta tendencia de la música del siglo XX, que hizo su recorrido a lo largo de décadas bajo la bandera de la vanguardia, comenzó formalmente hace ya más de setenta y cinco años. Una mirada retrospectiva y en perspectiva, nos muestra obras de peso de vanguardia, así como otras menos felices. La escucha repetida sólo puede acentuar y subrayar la exacta medida de la calidad intrínseca de la obra (especialmente si se trata de los oídos de músicos profesionales) y nada más.

Hasta ahora, este alegato parece defender al maestro y al intérprete de las acusaciones respecto a su menosprecio de la música contemporánea. Cierto es que los actores de esta polémica son, ciertamente, culpables de la pérdida de terminología y de la difusión de conceptos equivocados. Pero, por otra parte, también es cierto que nosotros, los maestros e intérpretes tenemos alguna responsabilidad en este asunto y es verdad que, hasta un cierto punto, somos en buena parte culpables de negligencia.

Haciendo justicia

Para comenzar, como maestros e intérpretes necesitamos asumir la responsabilidad de cultivar nuestros conocimientos y enriquecerlos con relación a lo que sucede a nuestro alrededor dentro del mundo profesional. Tal vez el elemento que aporte la luz de la verdad en esta causa que nos acusa, sea el hecho de que muchas veces algunos no hacemos el esfuerzo de vivir como músicos profesionales de nuestra época. Si observamos los otros campos de actividad, inmediatamente comprobamos que vivir y trabajar tanto como cincuenta años atrasados, sería absolutamente inaceptable. Dado que la música es un arte vivo, que se desarrolla constantemente, del que día a día surgen nuevas ideas musicales, no hay razón para disculpar a cualquier profesional que no haga el esfuerzo de conocer algo sobre estas nuevas ideas. Si algunos de nosotros estamos totalmente encasillados en el pasado, sea debido a una falta de interés en la música de hoy en día, o a la convicción de que no hay nada que se cree que merezca la pena, entonces se hace evidente la necesidad de motivarse un poco.

No obstante, hay evidencias que apuntan al hecho de que muy pocos maestros o intérpretes profesionales están en realidad totalmente anclados en el pasado desde el punto de vista filosófico. Les apetecería formar parte de la música de hoy en día y lo intentan. El problema es que no pueden ajustar su antena profesional y alcanzar así el punto donde logren establecer una comunicación con una buena parte de la música contemporánea.

Este problema de la ruptura de la comunicación entre el compositor y sus pares profesionales es uno que se ha reconocido frecuentemente y que se ha discutido abiertamente. Pero, poco podemos alegrarnos por el hecho de que esta ruptura sea amplia y extensiva a grandes segmentos la música de este siglo o por el hecho de que, posiblemente, nunca se produjo en tal medida en otra época dentro de la historia de la música occidental. A lo largo de la historia, ha sido frecuente que el *público* no entendiera, en un principio, lo que el compositor estaba diciendo. Pero, salvo pocas excepciones, los *músicos profesionales* entendieron inmediatamente la mayor parte del mensaje del compositor. La música pudo sorprender o incitar discrepancias estéticas, pero la cuestión de la comunicación básica de lo que se expresaba no fue, nunca, el problema principal.

Hoy en día, en las mentes de muchos maestros e intérpretes profesionales la comunicación *es* una preocupación prioritaria. El compositor de vanguardia o de música atonal no se comunica en absoluto. De alguna manera, los músicos más conservadores se comunican más que los primeros, desde el punto de vista de la percepción, aun si en lo que respecta a la respuesta estética dicha comunicación pueda ser menor. Cabe la posibilidad de que ese deseo apremiante con respecto a la escucha repetida y a una mayor exposición a la obra no sea una buena solución. Todo depende del grado de comprensión de las técnicas del compositor que el oyente posea. Escuchar varias veces la lectura de un hermoso poema escrito en un idioma que no conocemos puede despertar en nosotros una sensación general de bienestar. Pero, es imposible que podamos responder intensamente a dicho poema desde el punto de vista de su significado, hasta que no hayamos estudiado y comprendido la lengua en la que está escrito.

Hemos observado repetidamente los fracasos de los intentos de acercarse al significado de la nueva música en los conciertos que de ella se ofrecen, porque la mayor parte de las veces, esta música es de una enorme complejidad, de gran extensión y supone proporciones de virtuosismo, tanto para el intérprete, como para el oyente. Olvidamos que si la mayoría de nosotros, a medida que crecemos musicalmente, aumenta el grado de apreciación de obras similares de los siglos XVIII y XIX comenzando por el estudio de obras de los mismos estilos que presentarán menor complejidad. Por tanto, aprendimos a valorar y amar la *Sonata en si menor* de Chopin —mucho antes de que pudiéramos tocarla— después de estudiar y tocar los preludios, valses, nocturnos o mazurcas más fáciles del autor, así como la obra musical de sus contemporáneos. Esta es la clave para llegar a la comprensión de obras extensas y complejas con un procedimiento mucho más eficaz que el de la escucha repetida. Como profesionales, podemos lidiar directamente con obras nuevas y muy complejas dentro de estilos que hemos llegado a conocer a fondo gracias al estudio directo de la fuente original. Pero en el caso de los estilos que desconocemos, preferimos comenzar por concedernos tiempo para investigar ejemplos de las obras más accesibles pertenecientes al mismo campo.

De manera que el proceso comienza en nuestros propios estudios, primero para nosotros y luego para nuestros alumnos. Ese material accesible y sencillo existe y ha existido siempre, desde el principio de esta tendencia musical del siglo xx, desde ejemplos tales como la *Opus 19* de Schoenberg hasta llegar a los de la música compuesta en la última década. De modo que primero, en tanto que profesionales, tenemos el deber de estudiar y aprender todo el material que seleccionamos. No es en modo alguno aconsejable darle un material a un alumno sin que hayamos hecho nuestra propia inmersión en el mismo. La razón debería ser obvia. Antes de que podamos transmitirle a un alumno una obra musical, necesitamos comprender a fondo su significado y estar convencidos de sus valores estéticos. Todos conocemos alumnos que siguen un proceso lento a la hora de apreciar y valorar una obra del repertorio habitual. Con ellos somos pacientes, les damos ánimos, de alguna manera los «engatusamos», los instruimos dándoles ejemplos y vamos despertando su interés por escuchar sus respuestas a esos valores estéticos que entendemos y sabemos que están ahí. El proceso es exactamente el mismo cuando abordamos la nueva música.

Una vez que hemos decidido emprender la tarea de bautizarnos metiendo nuestros dedos (literalmente) dentro de la nueva música, deberíamos comprender otros dos puntos. Primero, que el campo es demasiado extenso como para querer abarcarlo en su totalidad. De modo que lo mejor es no intentarlo. En su lugar, es preferible destinarle una pequeña parte del tiempo dedicado a la formación personal y estar contentos de trabajar el material con la misma dedicación de un estudiante, cuidadosa y lentamente. Como sucede en cualquier campo, ir demasiado deprisa tratando de lograr una visión de conjunto rápida, aportará poco o nada desde el punto de vista de un progreso sólido. El trabajo resultará mucho más sencillo si tenemos bien presente que, del mismo modo que no comprendimos de inmediato una buena parte de la música tradicional en la época que la conocimos cuando éramos estudiantes, es muy probable que no comprendamos a fondo el

significado de esta nueva música. En el caso de las obras tradicionales, nuestros maestros nos aconsejaron y respaldaron trans-
mitiéndonos el sentido, los aspectos relacionales y el placer profundo implícito en el hecho de realizar el proyecto. Ahora, cuando debemos por cuenta nuestra, abrir senderos propios, ya no
contamos con el consejo y la ayuda del maestro. Tal vez debamos
retroceder mentalmente, hasta aquel momento en que nuestra
percepción necesitaba crecer para adquirir la capacidad de
enfrentarse felizmente a lo desconocido. Tal vez ese recuerdo nos
ayude a tener presente que no debemos olvidarnos de ser pacientes, tanto con la música, como con nosotros mismos.

En los lugares donde la música parece ser demasiado abstracta, disonante o extraña, es aconsejable repetir una pequeña
parte –incluso un pequeño cambio armónico, un fragmento melódico, un motivo rítmico de sólo dos o tres notas–, hasta que el
factor de reconocimiento surja hasta un punto tal, en el que sepa-
mos lo que podemos esperar. Aun si se trata de un fragmento ínfi-
mo, el hecho de percibir hacia adonde se dirige o lo que está
haciendo, puede «inclinar» nuestra percepción auditiva hacia el
lenguaje del compositor. Esta percepción puede ser suficiente
como para que los pasajes siguientes que abordemos nos resulten
inteligibles, a veces de repente y con partes mucho más extensas.

Segundo, como profesionales, y una vez hayamos avanzado
una buena cantidad de honestos esfuerzos, debemos estar preparados para elaborar algún tipo de juicio sobre la música que
ya hemos estudiado. No podemos esperar que todo el material
nos resulte interesante o nos cautive porque es algo nuevo o
simplemente por el hecho de que hayamos invertido nuestro
tiempo estudiándolo. Todos hemos aprendido obras que no
pasan a formar parte de nuestro repertorio, a veces porque hay
otras que nos parecen mejores o simplemente, porque por razones de gusto personal, una obra determinada no nos interesa.
Con la nueva música corremos el riesgo adicional de precipitar-

nos sobre un trabajo cuya calidad está, más de una vez, muy por debajo de lo que llamaríamos una obra maestra. Uno estudia la música, la toca, la enseña, luego pasa a otra obra de la nueva música y deja de lado la anterior, tanto dentro de nuestro repertorio de interpretación, como dentro del destinado a la enseñanza. Tal procedimiento no puede considerarse una pérdida de tiempo, porque en ese desarrollo hemos madurado y la música en sí, en un nivel interior profundo sigue formando parte de nuestro haber y de nuestra experiencia, aún después de dejar de utilizarla y de estudiarla. Tal procedimiento no puede extenderse por igual a toda la nueva música que trabajamos, dado que habrá ciertas obras que nos atraigan con mayor fuerza y que viviremos como parte permanente de nuestra vida musical, del mismo modo que sucede con las obras preferidas de la producción tradicional.

Una vez que hayamos incorporado a nuestros hábitos cotidianos el proceso de trabajo con la nueva música, es aconsejable hacer oído sordos a cualquier tipo de sentimiento de culpabilidad que las acusaciones de los fanáticos hayan despertado en nosotros. Si hay suficientes profesionales que dedican un pequeño y constante esfuerzo a trabajar esta música, con el tiempo, lo mejor del panorama contemporáneo saldrá a la luz en nuestra época, tal como sucediera con las obras maestras que surgieron en anteriores periodos históricos. Probablemente, aquellos que poseen un interés intenso en este panorama contemporáneo, siempre nos acusarán de no hacer lo suficiente. Pero, no debemos olvidar que hoy en día, gracias a las técnicas de comunicación actuales (impresiones, ediciones y grabaciones), tenemos a nuestra disposición una cantidad de material musical contemporáneo mucho mayor que el que existiera en otros momentos de la historia. De hecho, siempre habrá mucho más material disponible para su utilización del que podríamos tomar en mano, aun si le dedicásemos todo el tiempo que tenemos previsto para nuestra formación y crecimiento. Tampoco olvidemos que la mayoría de nosotros necesitará, además, disponer de tiempo para dedicárselo también al repertorio tradicional. Nuestros esfuerzos para lograr una mayor comprensión del panorama contemporáneo, dentro de los límites de tiempo que podamos permitirnos, deberían ser constantes y con un estudio directo de las fuentes originales, pero de ahí en adelante, el resto es tarea de los especialistas. Entretanto, como nuestros esfuerzos personales darán como resultado un aumento de nuestra percepción, la gama y la extensión de las virtuosas consecuciones de los especialistas ganarán seguidores en un número que crecerá progresivamente.

Tercera parte

Estudios trascendentales

Capítulo 11

Mazeppa
(Desgaste físico)

Ponernos en forma

Como músicos, pertenecemos a una actividad artística que intenta comunicar algo acerca de nuestro mundo e incluso, en sus mejores momentos, de despertar en la audiencia una respuesta tanto intelectual como emocional. En última instancia, el éxito o el fracaso dependen mucho de la precisión, la velocidad y la sutileza de unas respuestas que son puramente corporales. Todos estos son factores independientes de nuestro grado de compromiso y dedicación con respecto a la preparación de dicha comunicación. No obstante, dentro del campo de la interpretación musical, nos espera una curiosa contradicción relacionada con la necesidad de cuidar y mantener las mencionadas respuestas corporales.

Se ha observado con suficiente frecuencia que el cuerpo humano no es un organismo mecánico y que está sujeto a sensibles variaciones de un día a otro e incluso de una hora a otra. Tenemos días «buenos» y «malos». Nos sentimos «en las nubes» o «por los suelos». De hecho, contamos en nuestro haber con docenas de expresiones que subrayan estas misteriosas variaciones de nuestra sensibilidad interna. Nos sentimos «rebosantes de salud», «alegres como castañuelas», «fundidos», «en forma» y muchas más. Ninguna de estas expresiones se usa para describir el estado de salud o de enfermedad a largo plazo, sino que son más bien indicativas de un índice de bienestar o malestar pasajero, que nos afecta durante un periodo bastante limitado.

No es fácil determinar algún tipo de causa o síntomas predecibles de un cuadro determinado relacionados con estas fluctuaciones temporales. Hay personas que prefieren ignorarlas. Otras las atribuyen a los avatares debidos a diversas causas, tales como podrían ser las influencias astrológicas, los aspectos numerológicos, los cambios químicos que se producen en el organismo o a ciertos ritmos cíclicos que experimentamos. No obstante, lo cierto es que dichas fluctuaciones existen. Todos los intérpretes somos conscientes de la incidencia que tienen estos estados anímicos u orgánicos en la eficacia de la respuesta corporal durante el periodo concreto de interpretación. Todo intérprete sabe que en prácticamente cualquier concierto o recital, le espera una circulación de adrenalina que provocará golpes de calor, abundante transpiración, sensaciones de frío glacial, estornudos, tos, mareos o vértigo, nauseas o un cierto número de síntomas orgánicos menores. Son síntomas que, con frecuencia, aparecen combinados con otras variables corporales y que también con idéntica frecuencia nos provocan una vaga sensación de incomodidad. Habiendo vivido una y otra vez este estado de cosas, el veterano comprende que la mayor parte del tiempo se puede optar por ignorar estas sensaciones de pequeña incomodidad de la mejor manera posible: continuar con la función.

Sin embargo, en todo esto hay un factor sorprendente. Aunque sabemos que puede ser que este trauma superficial forme parte de la profesión, no prestamos gran atención a la posibilidad de armarnos de algún tipo de reserva física para poder enfrentar los altibajos diarios debidos al estrés o el acto mismo de interpretar o de presentarse para dar un concierto. Aún frente a una virtual epidemia de tendinitis, la «bestia negra» de todos los intérpretes del teclado, persistimos en seguir con hábitos cotidianos que ignoran y pasan por alto las normas más básicas relativas al cuidado de nuestro organismo. Una gran mayoría de los pianistas confiesa que no cuenta con tiempo para hacer un «calentamiento». Como medio de controlar el sistema al principio de sus horas de ejercitación, muchos consideran suficiente comenzar con una escala rápida o un arpegio, al que sigue inmediatamente una inmersión en los rigores del aprendizaje o la práctica de una partitura. No dedicamos tiempo a estirar y preparar nuestro mecanismo de interpretación, ni tampoco sensibilizamos nuestra consciencia para que detecte el grado de bondad de dicho mecanismo. Bien al contrario, cuando surge una puntada repentina o el dolor nos obliga a tomar consciencia de la existencia de un problema, solemos inclinarnos por seguir adelante, haciendo un mayor esfuerzo. Incluso hay quienes racionalizan tal obstinación, invocando vagos vínculos entre la realización artística y el dolor o el sufrimiento.

Si comparamos estas actitudes con aquellas relativas a otros campos donde, frente a una presión, es vital contar con una respuesta física precisa, encontraremos que nuestra falta de miras respecto a la cuestión de la reserva física ubica a la profesión entre las menos precavidas. Analicemos el campo de los deportistas. Si alguien sale a jugar al fútbol o a hacer una caminata, suponemos que dicha persona sigue una rutina de ejercicio físico global, además de la rutina debida a los movimientos especializados, concebidos para su actividad personal en sí. Suponemos que los atletas comen, duermen y viven según determinados esquemas cuando están «entrenándose». También pasan una buena parte de su tiempo haciendo calentamientos, estiramientos, relajación, puestas en forma y masajes.

Aceptamos el hecho de que los bailarines puedan dedicar muchas horas diarias a ejercicios que estiran y preparan los músculos para que respondan, además de los ejercicios especiales dedicados a dominar la coreografía de cualquier danza que vayan a interpretar. Los bailarines en su conjunto, aprenden a vivir de esta manera, una manera que, tanto en los aspectos del ejercicio cotidiano como en los de la danza misma, es un apoyo para soportar las exigencias que deben imponer a sus cuerpos.

Además, cualquiera que sea la profesión, todos se preocupan de las exigencias físicas correspondientes a las tareas que deben desarrollar. Los atletas no intentan y no aconsejan ni en broma, tratar de realizar proezas físicas, si no media una adecuada preparación física para lograrlas. Los bailarines y los cantantes son igualmente sensibles a las exigencias físicas implícitas en cada una de las obras de su repertorio. Por otra parte, los intérpretes del teclado no se cuidan en lo más mínimo cuando atacan un enorme pasaje de octavas de una obra, sin haber hecho previamente ejercicios de octavas. Igual se conducen al hacer los estudios de notas dobles sin comprender los problemas especiales que presentan en cuanto a la posición de las manos, la digitación o el equilibrio. Atacan todo tipo de reto, sea en cuanto a la rapidez y la resistencia para ver y demostrarse hasta donde pueden llegar. Hay personas prudentes, que reconocen la relación causa-efecto entre tal impetuosa temeridad y el daño permanente o a largo plazo. Pero los intérpretes de teclado suelen hacer alarde de una actitud estilo «a mí, esto no me sucederá nunca». En el momento en que sufren una tendinitis completamente desarrollada, se quejan, sorprendidos, sintiéndose espantados y consternados porque deben renunciar a realizar un serio trabajo con el piano durante un prolongado periodo de tiempo.

Por desgracia, parte de la responsabilidad de esta situación cae sobre los maestros. Con frecuencia, los alumnos embarcados en un curso de formación para ejercer la música profesionalmente pueden entrar y salir de los estudios meses y meses, sin escuchar una palabra de sus maestros acerca del calentamiento, el régimen de alimentación, el ejercicio físico, el descanso o las costumbres nocturnas. Y, sin embargo, estos factores pueden bien ser determinantes dentro de un campo de elevada competitividad, donde el hecho de contar con una buena resistencia física y un temple y ánimo fuertes, representa un papel de vital relevancia. También, con frecuencia, los estudiantes carecen de una guía lo suficientemente insistente, que les muestre la necesidad de mantenerse alejados de un repertorio para el que no están preparados físicamente. Detestan que se los enfrente con el hecho concreto y real de que, tal vez, sus manos sean muy pequeñas para responder a las exigencias del repertorio, a menos que aprendan mucho más, acerca de la manera de utilizar sus capacidades físicas y dediquen tiempo a construirse una reserva de fuerza y de resistencia.

Además, la misma naturaleza de nuestra preparación musical no suele conducirnos hacia un estilo de vida realmente saludable. Al contrario de los bailarines y los atletas, los intérpretes del teclado realizamos, la mayor parte del tiempo, sólo actividades sedentarias. Nos sentamos sobre un taburete o una silla para practicar durante horas, absolutamente inactivos excepto por la actividad extremadamente compleja, de intensa concentración, necesaria para hacer música. Los nervios están en tensión, algunos músculos están en un estado de actividad elevada y sutil, mientras que otros se mantienen esencialmente estáticos. Puede afirmarse con toda seguridad, que la tensión de la totalidad del organismo en estas circunstancias, no es menos severa que la que se exige en actividades más abiertamente físicas. Y, el hecho de que la actividad sea una de tan elevado grado de concentración, una que exige prácticamente respuestas instantáneas, sugiere una aún mayor necesidad de atención a la actividad física, así como al bienestar personal en general.

La mayoría de los estudiantes de música pertenece a una franja de edad en la que el cuerpo parece poseer capacidades ilimitadas para soportar este tipo de esfuerzos. La salud parece ser de hierro. Como jóvenes, podemos vivir alimentándonos con comida basura, pasarnos una noche en blanco cometiendo imprudencias nacidas de una energía inagotable y aún lograr hacer una interpretación sin problemas al día siguiente. No obstante, la realidad es que seguir una carrera y conseguir ser un profesional de acabada maestría, es una andadura que consume una increíble resistencia física durante años, muchos más de los nos permitirá el desgaste sufrido con los fastos juveniles

La vida no es un gráfico de normas y reglamentos. A nadie le resultan particularmente atractivos los problemas de salud y también la excesiva preocupación por cada pequeña variación del bienestar físico puede llegar a ser exagerada. Cada persona debe hacer muchas elecciones a lo largo del día, elecciones que tienen que ver con su modo de vida personal. A veces, ciertas circunstancias dictan opciones que contribuyen a que tengamos una cierta manera de vivir y en otros momentos la contradicen. A veces hacemos excepciones y de vez en cuando, muchos de nosotros nos deleitamos haciendo algo placentero sabiendo, positivamente, que no es muy aconsejable. De acuerdo. No obstante, el placer que nos proporcionan estas pequeñas excepciones y sus alegrías no debería impedir que conceptualicemos una manera de vivir básica que procuraremos mantener la mayor parte del tiempo. Tampoco, el establecer la práctica de una rutina base que guarde una correcta relación con nuestro mecanismo de interpretación y un proceso para seleccionar el repertorio que refleje nuestro presente estado tanto de maestría como de fuerza. En el caso de los músicos que se dedican a la interpretación, en el que su verdadero oficio depende precisamente de una respuesta física en condiciones de presión, este conjunto de parámetros debería planificarse con sumo cuidado. Les ayudarán a construirse una reserva física y un estado general de bienestar. A largo plazo, comprobarán los beneficios propios de esa planificación.

Capítulo 12

Feux follets
(Los fuegos fatuos)

El carisma

Existen tres elementos que contribuyen a sostener una carrera de concertista. Cada uno es importante a su manera y a su vez se superponen entre sí. Sin embargo, desde nuestra perspectiva, cada uno de estos elementos varía en proporciones en las carreras de los hombres y mujeres que configuran la galaxia de los concertistas. Estos tres elementos son: el carisma, el conocimiento del oficio musical (que incluye tanto el concepto de talento básico, como el desarrollo del mismo) y por fin, la *capacidad para usar la música como arte de expresar valores filosóficos o espirituales.*

Cuando un artista se presenta ante un público, proyecta instantáneamente un cierto sentido de la vida que toda persona presente percibe rápidamente en algún nivel no verbalizado. Hay pues un intercambio de algo que es tan inasible como una carga eléctrica, y asimismo igual de intenso. Olga Samaroff, esa gran figura musical y maestra que trabajó en Estados Unidos durante la primera mitad del siglo xx, solía insistir en decirle a sus alumnos, que el noventa por ciento de una determinada audiencia tomaría la decisión de estar absolutamente predispuesta a aceptar o no, a un intérprete, en el periodo de tiempo transcurrido entre la entrada en el escenario y la primera nota que tocara.

El carisma se expresa de muchas formas. Tal como la belleza física, tiene muchas variables, pero de alguna manera, los distintos elementos deben confluir para crear una presencia efectiva y poderosa. Sin algo de carisma, a largo plazo una persona no logrará sostener una carrera de concertista por más trabajo arduo que invierta o por grande que sea su dedicación, independientemente del número de concursos que haya ganado o del número de críticas elogiosas que se hayan escrito en los periódicos. En última instancia, existe un elemento que se mantiene a lo largo de toda la historia de las interpretaciones en público: algunas personalidades poseen un don especial para impresionar al gran público y otras no. Aun en los casos en que la persona dotada de un gran carisma no tenga, desde el punto de vista de las exigencias musicales en cuanto a calidad, un nivel de interpretación tan acabado como algunos de sus contemporáneos, el hecho de ser depositario de esa magia, hará que sobreviva al lo largo de los años como gran concertista. Sin embargo, es muy posible que esos compañeros de mayor nivel sigan siendo desconocidos para el gran público.

Visto en su totalidad, observaremos en este don elementos propios de una fuerte personalidad. Las líneas del carácter se habrán desarrollado con especial agudeza y, frecuentemente, despertarán reacciones rápidas en los demás seres humanos. Esta interacción es esencial y la clave de la importancia que el carisma reviste para el concertista. También es una espada de dos filos, puesto que habrá un cierto número de personas a las que esta combinación particular de rasgos de personalidad proyectados con tal fuerza les provocará un sentimiento de rechazo. Por tanto, todos los artistas muy carismáticos contarán con una parte del público que secreta o abiertamente expresará su rechazo y se preguntará por qué razón, tal intérprete tiene un público que se mantiene fiel a lo largo de los años.

No es fácil detectar este tipo de atracción en los alumnos. Pero aún más difícil y evasivo es el hecho de que al estar el carisma basado un algún tipo de intercambio psicológico –proyección y reconocimiento de una imagen social que no necesita explicarse con palabras–, también puede provocar fallos o punto débiles en diversos aspectos de la carrera. Para algunos, la mayor proyección es la que se produce en el caso del niño prodigio. La combinación de inocencia infantil que se consume en el proceso por el cual brota la música, una inocencia ajena a la calidad agridulce propia de la experiencia adulta y de la expectativa de un brillante futuro por delante tiene su propia y especial atracción y su particular calidez. Más tarde, puede que se manifieste en esa vitalidad extraordinaria propia del adulto joven cuya intensidad de espíritu parece abundar en las cosas buenas de la vida, en una época en que el sólo vivir es sinónimo de fuerza y de pasión. Aquellos que en sus años jóvenes poseen este tipo de atracción suelen verla medrar a medida que maduran. Cambian y esta transformación no les aporta una nueva imagen para proyectarse con una fuerza equivalente a la del pasado. Particularmente interesante es el caso de aquellos artistas cuyo carisma ha remontado vuelo en los años de la madurez, incluso en la mediana edad o en la primera vejez. Por lo general, son artistas que han seguido su carrera durante años, silenciosamente, con cualidades que no incluyen ese tipo de atracción inmediata. De repente, se encuentran participando activamente a medida que comienzan a proyectar aspectos como la madurez, la autoridad y el simple hecho de haber resuelto felizmente los problemas de la vida y de emerger con una belleza acompañada de la fuerza, la sabiduría y la humana comprensión del otro. Para unos pocos, una suerte de electricidad básica, de proyección de energía o un amor a la vida se expresa con tal fuerza, que adquieren una seguridad y no parecen titubear a medida que envejecen. Los cambios se producen gradualmente, con suavidad y ese artista es admirado y amado por sus contemporáneos, cuyas vidas a veces han sido paralelas cronológicamente, como símbolo de las distintas etapas de su propia vida.

La intensidad carismática no es necesariamente sinónimo de un idéntico talento musical o de dominio de los aspectos técnicos del oficio. Probablemente, el carisma es un raro don, porque muchos son los que poseen gran talento, pero sólo muy pocos en una determinada generación son capaces de convertirse en uno de los dos polos de este intercambio tan cargado de energía entre el intérprete y la audiencia. Tal posición rara vez se consigue gracias a un trabajo de gran dedicación, aun si esto no implique que aquellos individuos carismáticos no deban trabajar con ahínco. Pero, por lo general, logran una respuesta impresionante del público habiendo hecho un trabajo menor que el de muchos de sus colegas. Por supuesto que existen personalidades carismáticas cuya devoción al arte y su dedicación al trabajo es inmensa, que trabajan con seriedad y constancia, pero no siempre suele ser el caso.

Tampoco podemos decir que la intensidad del carisma sea comparable o equivalente a la realización de una expresión artística consumada o a la capacidad para utilizar el arte como medio de transmitir conceptos filosóficos o valores espirituales. Una vez más, estas personalidades carismáticas pueden, o no, lograr esta última realización. De modo que comenzamos a observar que este don, el más esquivo de los que posee un intérprete –con toda la importancia que indudablemente posee– no puede ser el único, ya que por sí mismo no es suficiente. Es el elemento que agrega brillo y encanto a cualquier carrera, siempre que esté sustentado sobre la base de los otros dos elementos de la trilogía. Porque, de hecho, de los tres, es el que tiene más probabilidades de no reflejar lo verdadero en caso de que no se cuente con los otros dos. Entonces, sin el apoyo necesario, el carisma queda convertido en una peligrosa apariencia falsa, que cubre un vacío interno. Brilla delante de una audiencia que se queda cautivada momentáneamente, creándose una situación que al final dejará tanto en la audiencia como en el intérprete la sensación de no haber alcanzado la plenitud, sin ni siquiera saber porqué.

De modo que el carisma como elemento es muy potente, muy emocionante, pero también muy imperecedero y al final muy peligroso si no se cultiva lo esencial.

El conocimiento musical

Consideremos ahora el elemento más fácil de definir de los tres, que equilibra y estabiliza la trilogía: el conocimiento musical.

El concepto que vamos a desarrollar incluye las aptitudes iniciales para la percepción del material sonoro, el modo en que dicha aptitud se desarrolla y el nivel de competencia que se ha conseguido para sostener al músico en su papel de concertista. Es obvio que estos conceptos conforman el haber y la moneda de cambio del ejercicio de la enseñanza. Como maestros, llegamos a un punto en el que creemos reconocer el talento en un alumno, pensamos que sabemos el modo en que ese talento debería desarrollarse. Como mínimo, todos los maestros reconocemos los signos de un excelente desarrollo, se produzca o no bajo nuestra tutela y creemos que podemos reconocer ese nivel de competencia que constituye la clave del profesionalismo aplicado al campo de la interpretación en público. Este es el aspecto que los mismos alumnos, a medida que practican, consideran muy directamente, comparándose a sí mismos con sus compañeros y emitiendo juicios críticos acerca de sus mayores.

Aunque este aspecto es el meollo de la mayor parte de nuestra profesión de músicos, somos muchos los que rápidamente reflexionamos sobre el hecho de que, independientemente del esfuerzo puesto en juego para alcanzar el nivel profesional más elevado, a la larga no resultará suficiente por sí mismo para sostener una carrera de concertista. Este hecho se mantiene aún en el caso de que toquemos el tema de la totalidad del concepto de profesionalismo, los aspectos musicales de la interpretación incluidos. Por tanto, tenemos una gran cantidad de músicos de indiscutible primera calidad que son capaces de interpretar, por lo menos, con tanta excelencia como un concertista y que a veces incluso superan los niveles de muchos de sus célebres colegas. Así, nos encontramos con que la mayor corriente interpretativa se mantiene viva y bien como parte activa de nuestra cultura gracias a músicos de gran dedicación, práctica diaria, que se presentan con frecuencia dando conciertos pequeños y son desconocidos por el gran público, excepción hecha de algunos fieles seguidores.

Es frecuente que estos músicos estén satisfechos y se sientan felices con su papel por razones personales. No les gusta viajar, disfrutan con gran placer de su hogar y de los vínculos familiares y no les atraen los aspectos sociales de una carrera pública de envergadura. Pero fuera de estos aspectos personales, hay un interrogante que surge en la mente de los legos, los admiradores, los alumnos e incluso de sus compañeros en la profesión. Les intriga el hecho de que él o ella no haga giras como uno de los artistas más célebres del mundo.

Habitualmente, la respuesta a este interrogante suele provenir de razones económicas. La persona en cuestión tuvo que trabajar para ganarse el sustento en el momento de su vida en que tenía la capacidad para comenzar una carrera de concertista ya que estaba preparada en todos los sentidos para ello. Pero no tuvo los medios para mantenerse en una época en la que los medios tradicionales de sostén económico –por lo general, los padres– comenzaban a agotarse. En este momento de la vida de una persona surgen otras decisiones de índole personal, por ejemplo el matrimonio, que apuntan al logro de una seguridad, más que a la posibilidad de correr el riesgo de construir una carrera de concertista a largo plazo.

Pero aún aparte de estas consideraciones prácticas –que suelen ser de importancia capital– siempre existen problemas básicos derivados de la relación existente entre esta competencia profesional y la probabilidad de un éxito público a largo plazo. Es obvio que dicha competencia debe existir y siempre estará en el núcleo de la estabilidad de una empresa de esta envergadura. No obstante, sin algún matiz aportado por el aspecto carismático, aún el profesional más experto y dotado de alguna manera puede quedarse corto. ¿Maravillosamente elaborado? Sí. ¿Admirable? No cabe duda. ¿Deleitable? Desde luego que sí, y mucho. Pero toda esta valoración rara vez trasciende los límites de la evaluación esencialmente intelectual. Se crea un clima estimulante, el público responde con entusiasmo, pero no ha habido suficientes personas que como individuos, hayan sido tan cautivados por la experiencia con tanta fuerza como para sentir que pierden su identidad. Esa pérdida de identidad que produce el olvido de sí mismo hasta el punto de que no les importe cómo se produjo esa transformación, porque la experiencia se vive a un nivel trascendente que no puede expresarse verbalmente y que es, en sí, completa y conforma una totalidad.

Un carisma fuerte, respaldado por una excelencia en la preparación profesional, tanto musical como técnica, puede conseguir que el fenómeno descrito se manifieste en un largo segmento del público que asiste a los conciertos. Algunos de los buenos artistas que no cuentan en su haber con esta combinación, de modo tal

que puedan alcanzar tal grado de encantamiento, en realidad no
están muy dotados en lo que respecta a los aspectos carismáticos
básicos. Sin embargo, también es posible que existan algunos que
no se fíen del carisma o se les haya enseñado a rechazar un don
que en cierta medida también poseen.

Con frecuencia se nos enseña debidamente que el gran arte
es, por lo general, un arte controlado y que la presencia misma
de la interacción carismática, implica un misterio de alta tensión
o vibración y hasta cierto punto una carencia de control consciente del escenario en general. De una manera sutil, aprendemos a desconfiar de esta faceta de nuestras dotes. La exposición
durante tanto tiempo a la templanza propia del academicismo
intelectual puede, de hecho, silenciar bastante esta atracción
propia del carisma. Para cualquier maestro inteligente, una de
las tareas más difíciles y terribles que se le presentan es el intento de ayudar a los jóvenes llenos de vibraciones y de atractivo a
encontrar su propio control, a ganar en musicalidad y a proyectar
su sensibilidad, sin oscurecer lo que Olga Samaroff solía llamar
el «magnetismo animal» básico de la proyección musical. Para
lograr tal proeza es necesario que el maestro posea un dominio
de la psicología, un constante candor y una saludable dosis de
muy buena suerte.

Lo trascendente

El elemento final de la trilogía es la utilización del arte para
transmitir una verdad filosófica o espiritual.

En principio, es obvio que el sujeto que analizamos es, a la
vez, muy oscuro y que está abierto a la interpretación individual.
Comencemos pues, por reconocer simplemente que –si tuvimos
suerte– alguna vez asistimos a una representación en la que el
artista, con o sin carisma, perdió importancia, en la que el nivel

de profesionalismo –la técnica, la musicalidad, la sensibilidad–
aunque totalmente satisfactorio no venía al caso. Una representación en la que atravesáramos la sensación de que se nos hubiese
dado, milagrosamente y sin merecerlo, un nuevo punto de vista
con respecto a lo eterno, a los profundos interrogantes que cada
ser humano, hombre o mujer debe enfrentar: el nacimiento, la
vida, el amor, el placer, el dolor, la muerte, y más importante aún,
el sentido de todo esto.

No todas las personas viven la misma revelación. Estos
momentos tan increíblemente raros en la vida tienden a expresarse en términos que responden a las necesidades espirituales
inmediatas de cada individuo. Y, sin embargo, en otro sentido, en
un sentido universal, la comunicación ha sido la misma para
cada persona que fue de este modo conmovida. Todos, el artista,
el individuo y quizá de algún modo misterioso el compositor
mismo, llegaron a un punto en el tiempo donde identificaron una
verdad filosófica o espiritual, que en un sentido místico puede
manifestarse simultáneamente con un significado distinto para
cada individuo y, aún así, mantener un mismo significado para
todos. Poco tienen que hacer aquí las felicitaciones, las críticas
elogiosas, las ovaciones de pie. Los que han estado presentes
saben lo que trascendió y la mayoría no podrá dar más que un
testimonio silencioso porque no encuentra ni tiene palabras para
explicar la experiencia. O bien, si recurre a la explicación verbal, el lenguaje estará demasiado alejado de aquello que quiere
expresar y abandonará su intento.

Puede que los concertistas que son el instrumento de este
extraordinario acontecimiento sean o no carismáticos en el sentido habitual. Cuando caminan por la escena es probable que
todos los elementos de ese intercambio eléctrico –de proyección
de una imagen, de sereno entusiasmo– estén prácticamente
ausentes. Pero por lo general, la audiencia sabe lo que escuchá-
rá, de modo que la reacción instantánea frente a la aparición del

artista es innecesaria (aparte de ofrecerle una cordial bienvenida). Ni que decir tiene que el artista que va a interpretar su papel en esta experiencia es un consumado maestro del instrumento. Es probable, pero no necesario, que esto implique que él o ella sea un miembro experimentado y quizá una de las estrellas de la galaxia de los concertistas.

Sin embargo, lo más importante es que el intérprete tiene la convicción de que el arte en sí es sólo un vehículo para otro tipo de comunicación, sea filosófica o espiritual. Es probable que el artista haya llegado a adquirir tales convicciones en pasadas etapas de su vida. La proyección de este significado no es cosa que resulte de un estudio rápido y superficial. El artista tiene que haber convivido con el concepto, manteniendo una lucha consigo mismo y haberle destinado gran dedicación y mucha disciplina. Aún así, entendemos que nadie logra este nivel de comunicación por simple deseo de conseguirlo. De hecho, para lograr esos raros momentos en que la búsqueda da frutos y experimentamos ese tipo de comunicación que tanto anhelamos, hacen falta años de búsqueda espiritual, horas de búsqueda de valores técnicos y musicales, así como el deseo de comunicarse a este nivel. Sin embargo, para aquellos que están a la búsqueda de tales valores, no hay otra elección que la de poner toda su energía al servicio de la posibilidad de ser parte de una interpretación como esta. Como corresponde a la naturaleza de tales metas, pueden o no, pregonarse. Pueden o no, encontrar el favor del gran público. Y, sin embargo, la gratificación está sólo en la visión en sí, en la profunda satisfacción que surge de la idea de la búsqueda en sí. No hay otro camino.

Porque es ahí, como si fuese un ladrón nocturno, que de pronto, aparece el milagro de usar la música para conmover en lo más profundo de sus corazones a los otros. Quizá, el intérprete ni siquiera es consciente de lo que acontece, ni de su medida, porque el fuego del evento lo consume y él está comprometido profundamente en la búsqueda. Pero acontece, y cuando lo hace, habrá quienes quedarán convencidos de que el arte mismo ha alcanzado su función cósmica más elevada. Y el intérprete no será un elemento aparte que funcione como un polo carismático. Ya no es el poseedor de los atributos musicales o técnicos. El intérprete es esto, eso y mucho más, porque se ha transformado en una sublime forma del arte que sirve a la búsqueda espiritual de todos los seres humanos.

Capítulo 13

Eroica: una llamada al activismo

A los músicos se nos enseña muy pronto que la modestia es una cualidad. Sin duda, entre nosotros hay algunos adictos a la ostentación o que se comportan como una *prima donna*. Pero la gran mayoría vive con el sentimiento de que el acto mismo de hacer música nos induce a inclinarnos ante el arte mismo, ante el compositor o ante la tradición. La búsqueda constante de un elevado nivel técnico y de una acabada expresión, nos deja psicológicamente en un estado tal, que nunca sentimos que estamos a la altura de lo que la música merece y persistimos en la lucha y logramos realizaciones, pero nunca nos sentimos realmente satisfechos. Sin embargo, el lado bueno de esta espada de doble filo es que nos ayuda a mejorar y a crecer continuamente. El lado negativo, no obstante, es que estamos imbuídos de una actitud modesta, tocados de un suave matiz que siempre nos despierta la conciencia de nuestras insuficiencias. Esta combinación suele despojarnos de la capacidad para vendernos en el gran mercado e incluso, cuando se nos pregunta, de la capacidad de expresar con toda claridad lo que podemos ofrecer.

Lo cierto es que la mayoría de nosotros podemos resumir una imagen bastante clara de cómo el arte mejora la calidad de vida o, del antiguo dicho inglés acerca de los jóvenes que dice: «Dedos que tocan el piano no abrirán cajas fuertes.» Pero las generalizaciones de este tipo tienden a ser demasiado imprecisas y trilladas para utilizarlas como argumentos. Además, la agresividad y la transparencia propia de la retórica que busca apoyar otras áreas de la educación –la ciencia y los deportes, para mencionar sólo dos– nos devuelve al abrigo de la modestia. Claro que seguimos convencidos, pero a la vez intimidados; convencidos de que, en realidad, contamos con un haber de gran calidad, e intimidados por la dificultad de expresar sus virtudes en medio del estrépito del ruido del mundo de los negocios y de las leyes del mercado.

Hace mucho que perdimos el coraje necesario para hablar claro. En el orden social en que vivimos, observamos que nuestro oficio queda relegado a una posición cada vez más humilde. Vemos sus realizaciones más sublimes ignoradas, su disciplina intelectual trivializada y su poder expresivo silenciado. Son pocos lo que tienen la voluntad de invertir tiempo o dinero para disfrutar de sus valores. El número de personas que no están preparadas para recibir sus gratificaciones crece progresivamente. Sospechamos que dentro otras pocas décadas esta prodigiosa forma de expresión humana quedará relegada, en el mejor de los casos, a la categoría de ejemplo de una curiosidad arcaica y, en el peor, condenada a la extinción. Y el conjunto de evidencias que dan crédito a este oscuro pronóstico de futuro continúa aumentando.

Lo sorprendente es que aún tengamos reticencias a la hora de movilizarnos para hacer algo al respecto. Nos batimos en retirada creyendo, con ingenua simplicidad, que de alguna manera al final triunfará la justicia, porque sabemos lo bueno, lo ventajoso, lo gratificante que es, verdaderamente, el estudio de la música. Nuestro razonamiento prosigue, afirmando que no somos personas dadas a hacer algún tipo de proselitismo. Nos apegamos a los mitos de tiempos pasados, convenciéndonos a nosotros mismos de que si somos realmente buenos, el mundo de alguna manera nos encontrará y descubrirá nuestro valor. Y, sin embargo, sabemos perfectamente que las probabilidades de tal descubrimiento son nulas, que las circunstancias nos son desfavorables desde que aparecieron la publicidad, las estrategias de presión de los mercados y una red mediática dedicada, esencialmente, a desarrollar un apetito voraz por la cultura popular. Además, si percibimos la necesidad de acercarnos a ese público mediático y competimos para lograr su atención, nos sentimos inseguros e incómodos con la tarea.

Ha llegado la hora de dejar de lado nuestra lasitud, de enterrar nuestras inseguridades y de convertirnos en activistas de una causa que nos concierne directamente: la causa de la música y del estudio de la música. Cada uno de nosotros necesita estar preparado para la interpretación más importante de nuestra vida. Una que pondrá fin a esta desaparición de la música y que la colocará en el centro de nuestra escena cultural. El primer paso consiste en prepararnos para enunciar con toda claridad las ventajas del estudio de la música. A medida que lo hagamos, podremos separar nuestros papeles de músicos y de maestros mientras luchamos por mejorar nuestras habilidades profesionales, desde nuestro lugar como representantes de la profesión frente a una audiencia mayor y predominantemente lega en la materia. Es una separación que observamos a nuestro alrededor, reproducida en otras profesiones. Por ejemplo, es obvio que los médicos y los abogados se desenvuelven luchando en un entorno, donde la competitividad profesional aumenta constantemente. Pero al mismo tiempo, son capaces de mostrar una apariencia digna frente al gran público lego en su materia. Incluso, llegan a cerrar filas de un modo bastante impresionante cuando la reputación o los intereses particulares de la profesión están amenazados. Tenemos que aprender a reaccionar de una manera similar.

A medida que identificamos claramente cuales son nuestras fuerzas, deberíamos trazar sus alineamientos de modo tal, que expresemos su relevancia lo más ampliamente posible. Necesitamos subrayar las extraordinarias y numerosas habilidades que el estudio de la música y al hacer musical ponen en juego, relacionándolas con el arte de saber vivir. Así, los demás podrán ver en el estudio de la música un aporte de elevada calidad para cualquier persona que entre en contacto con la disciplina, no sólo para aquellos dotados y, por cierto, no sólo para los que poseen aspiraciones profesionales.

Una vez que hayamos determinado estas fuerzas, debemos aprender a hablar de ellas de modo que en cualquier momento que se nos presente la oportunidad, podamos dar a conocer nuestras ideas y conocimientos. Son oportunidades que suelen acontecer sin previo aviso y en instantes fugaces: una conversación en una reunión social, una pregunta de uno de los padres de un alumno de música, una ocasión en la que nos encontramos con personas del mundo de los negocios o con representantes del mundo profesional. Si perdemos la oportunidad de expresarnos, incidirá sobre el posible efecto dominó o sobe la reacción en cadena que podría mejorar nuestro nivel profesional. Es así como surge el estancamiento que daña nuestras esferas de influencia y la actitud de respeto debido a nuestro arte.

A medida que cada uno de los músicos profesionales reflexione acerca de las ventajas del hacer musical, podrá también elaborar una valiosa lista de ellos.

Como ejemplo, veamos ahora algunos aspectos conceptuales básicos:

1. El estudio de la música nos lleva a perfeccionar, por lo menos, tres de nuestros cinco sentidos, así como a ampliar nuestro conocimiento sobre ellos: el oído, la vista y el tacto. Para cada uno de ellos hay una determinada información que debe percibirse, analizarse y organizarse por medio de señales que tengan sentido y luego, actuar en consecuencia. Para cualquier realización acabada es necesario contar con una percepción que sea a la vez precisa y que detecte todos los detalles. Nuestra sociedad, plagada de sonidos, visiones y sensaciones táctiles casuales, no profundiza en la importancia de tal grado de sensibilidad. Estamos rodeados constantemente por música y ruidos que no escuchamos, pantallas de video que muestran imágenes interminables que nadie ve, y un cúmulo de sensaciones táctiles impersonales provenientes del cromo, el vidrio, el plástico o la madera, los botones que tenemos que apretar, las barandillas o pasamanos, las tazas y los distintos envases. Al final, apenas nos damos cuenta que existen. Es más, este entorno de gran complejidad termina por insensibilizarnos de un modo tal, que no somos ya capaces de escuchar, observar o tocar las cosas cuidadosamente, aun cuando deseemos hacerlo. Por tanto, vivimos en un peligro constante de dañar nuestra percepción hasta un punto tal, que nos resulte difícil recuperarla.

El estudio de la música se centra en la belleza del sonido, no sólo los musicales, sino también sus homólogos en el mundo de los sonidos concretos, como el canto de los pájaros, la lluvia o las campanas de la iglesia. Son sonidos que la música imita con gran frecuencia. Además, la música se centra en la respuesta que inspira en nuestro interior la percepción de dichos sonidos. La página musical nos enseña a utilizar nuestros ojos, tanto para explorarla globalmente, como para observar sus mínimos detalles. Y el hecho de aprender a amar y a responder al sentimiento de tocar un instrumento o

de colocar un sonido vocal, despierta en nosotros una conciencia sensorial íntima, una sensibilidad táctil casi inigualable, comparada con cualquier otro reino de la actividad
humana. Por tanto, el estudio de la música es uno de los catalizadores más potentes para reforzar y perfeccionar estas
áreas de la percepción sensorial.

2. En el dominio del pensamiento abstracto, el estudio de la
música alcanza niveles de virtuosismo. Todas las propiedades
del sonido, altura, duración, intensidad y timbre, deben con-
cebirse de forma abstracta. Cada sonido (incluidas todas sus
propiedades) debe compararse constantemente con el siguiente. Es necesario concebir la estructura en su totalidad, así
como las relaciones entre cada una de las partes y las de las
partes con el todo. Sea que tratemos frases, secciones o una
obra completa, la mente debe considerar todos los elementos
en tanto que su posición relativa, su importancia y su función y
todo esto debe proyectarse dentro de un marco basado en la
temporalidad. Las técnicas que se desarrollan a fondo dentro
del campo musical son aplicables y transferibles a otras áreas.
De hecho, es indudable la relación existente entre la filosofía
tradicional y la música, entre la ciencia y la música y entre la
informática y la música —por mencionar unas pocas— así como
que estos vínculos surgen, en gran medida de la utilización
común y de la necesidad de acudir al pensamiento abstracto.

3. El pensamiento musical nos muestra la manera de manejar-
nos con un proceso de aprendizaje en el que la respuesta física es un componente importante. A menudo, la percepción es
mucho más rápida que nuestra capacidad de responder físicamente y con método. Si queremos que el cuerpo aprenda,
debemos tratar el aspecto físico con respeto, cuidado y
paciencia. Pero también sabemos que hay formas de trabajar
que nos garantizan que el cuerpo aprenderá dicha respuesta
con rapidez y sin riesgos. El estudio de la música es una

estructura ideal para el aprendizaje de técnicas para la práctica de una disciplina, para comprender la información acerca del resultado del proceso de aprendizaje desde su aspecto físico y para conservar el sistema de respuestas en buen estado de funcionamiento. Las personas que perfeccionan estas habilidades comprenderán la forma de abordar cualquier situación de aprendizaje conectada con el cuerpo; sea aprender a conducir un coche, a escribir a máquina, a utilizar un ordenador, a coser o prácticamente a dominar toda forma de actividad deportiva o de recreación.

4. La relación existente entre el hecho de hacer música y la expresión personal es demasiado obvia y ocioso sería dedicarle una extensa elaboración. No obstante, hay un par de observaciones en las que no siempre pensamos. Una, es darnos cuenta del hecho de que casi todo el hacer musical, es un trabajo de grupo, o de conjunto. Aun si se trata de una interpretación solista, sea de instrumento o de canto, se produce una combinación entre las inclinaciones expresivas del intérprete y las del compositor o las de una tradición o las de un algún tipo de esquema impuesto. El grado de libertad que esta colaboración permite al intérprete varía considerablemente según los estilos. Definir los límites apropiados de la libertad en cada interpretación y los parámetros de la colaboración, son ejercicios que reflejan la dinámica de muchas situaciones vitales tanto en el hogar como en el ámbito laboral. Por tanto, podemos afirmar que todo estudiante de música adquiere una gran experiencia en lo que respecta a la forma de tratar la libertad expresiva, la colaboración y las relaciones interpersonales.

La segunda observación es consecuencia de la primera y de ella surge, aunque se centra específicamente en la herencia personal. La música como expresión de un grupo o una región es una parte obvia de la cultura folclórica, aun si a

menudo dicha expresión se diluya y se silencie en la búsqueda de la excelencia artística. Esta situación de dilusión y
silencio se verifica, particularmente, en el caso de que el arte
musical provenga de una cultura demasiado alejada de la
herencia personal del intérprete. Pero no es necesario que
esto suceda y no debería suceder. Nuestro sentido propio del
colorido, del ritmo, del dramatismo y nuestro temperamento
emocional están íntimamente vinculado a esa herencia cultural propia. Saber y comprender ese sentido estético, así como
tener plena conciencia de su interacción con la música, no
hará más que servirnos para elevar la intensidad emocional y
para proyectar la música sintiendo una convicción muy
honda. El proceso de reconocimiento y de interpretación de
estas fuerzas interiores también construirá en cada uno de
nosotros, el sentimiento de orgullo por nuestra cultura y de
respeto por la de los demás. Por tanto, hacer música será un
catalizador potente en la construcción de esta consciencia
dual que a la vez que celebra nuestra propia expresividad,
puede valorar la que surge de los otros.

5. En la mayor parte de los casos, el estudio de la música resultará en algún tipo de presentación sea frente a nuestros
parientes, amigos íntimos o, en el ámbito público. Muchas
veces los músicos tenemos cierta desconfianza o aprehen-
sión con respecto a la tensión y a las posibles desilusiones
que tales pruebas puedan producir. Nosotros, profesionales
veteranos que hemos experimentado ese malestar emocional
que se produce antes o después de la presentación, estamos
en condiciones de comprenderlo y de sentirnos identificados
con la situación. Como solícitos maestros de música, nos preocupan las consecuencias negativas que afectan a nuestros
alumnos cuando el estrés o la desilusión son demasiado
intensos. Y es comprensible y deseable que nos preocupe.
Pero al mismo tiempo, somos propensos a alejarnos de la ten-

dencia más poderosa y principal de nuestra sociedad, porque no nos damos cuenta de que, como músicos, tenemos la capacidad de ofrecer toda esa emoción e interés que el gran público busca normalmente en su adicción al espectáculo, particularmente en los espectáculos deportivos. Si alguna vez hubo una sociedad atrapada por el espectáculo, es sin duda la nuestra de hoy en día. Desde las pequeñas ligas hasta los mundiales de fútbol, nos divertimos con la batalla que nos ofrece el espectáculo. También participamos en algunos equipos y también somos capaces de mejorar nuestra actuación en el golf, los bolos, las carreras, la natación y muchas actividades más. Nos fijamos objetivos, soportamos las desilusiones, somos tenaces, insistimos repetidamente, nos damos cuenta de nuestros progresos y celebramos nuestros triunfos. El concepto de la «marca personal» o la «mejor marca» es algo que todos codiciamos y que nace de la actuación. Además, observamos en nuestro trabajo ciertos tipos de actuaciones, que terminan por ser vitales para el éxito a largo plazo. Con este tipo de mentalidad omnipresente en nuestra sociedad, nosotros, los músicos, deberíamos capitalizarla. El hacer musical es el mejor campo de entrenamiento para aprender a prepararse para una presentación, para solventar el estrés y los conflictos, para aprender a manejarse con las pequeñas desilusiones y los éxitos y para elaborar una estrategia de realización a largo plazo. Deberíamos referirnos con entusiasmo y orgullo a nuestro programa de ejercicios para estructurar una presentación, programa que es virtualmente inigualable. Podemos hacerlo sin perder nuestra sensibilidad hacia la lucha individual por excelencia y podemos, de hecho, convertirnos en verdaderos «gurús» del desarrollo de una psicología saludable para dominar las presentaciones. Debemos, por cierto, celebrar ese componente de nuestra profesión que es la presentación en público y haciéndolo, aumentaremos en gran medida el prestigio de la música dentro del orden social.

Una visión panorámica de estas cinco técnicas, tal como se desarrollarían en la música y en el estudio de la música daría algo como lo enunciado a continuación:

- Percepción y refinamiento de la información auditiva, visual y táctil.
- Virtuosismo en el manejo del pensamiento abstracto y conceptual.
- Expresividad emotiva y atención al equilibrio y a la identidad personal.
- Manejo de la preparación, de las desilusiones y desencantos, así como del triunfo de una presentación.

Visto globalmente, esta visión conforma un conjunto increíblemente potente. Tanto es así, que no existe virtualmente ninguna disciplina o empresa humana que pueda igualarlo. Tengamos nuevamente en cuenta que los beneficios observados son aplicables a todos los alumnos, no sólo a los de gran talento o a los que desean dedicarse a la profesión musical. Observemos que las ventajas comienzan con la primera lección de música y continúan funcionando durante cada experiencia musical en la vida del alumno. Observemos, además, cuántas veces las técnicas que enseñamos se entretejen con otras situaciones vitales.

Una vez que hayamos desarrollado la capacidad para expresar y enunciar el conjunto descrito, despertaremos naturalmente en nuestro interior un entusiasmo por la profesión, tan fuerte, que será contagioso. Entonces, tendremos que estar listos para transmitir al mundo nuestro mensaje, un mensaje optimista y convincente. En cada grupo social existen muchas oportunidades para ofrecer una información que es válida en su aspecto

educativo. Existe una gran necesidad de recibir mensajes opti-
mistas. Los clubes, las iglesias, las asociaciones de padres y
maestros y las organizaciones profesionales buscan oradores que
puedan despertar el interés y señalar valores para la educación
de sus hijos. La llamada al activismo es una llamada urgente.
Exige que nuestro oficio y nuestra profesión se revitalice. Una
labor que deben hacerla quienes la aman y están dispuestos a
luchar, para ver a la música en el lugar que le corresponde dentro
de la conciencia social de nuestro tiempo. Nadie hará este trabajo por nosotros. Y si cada uno de los maestros de música decidie-
ra preparar el mensaje, para transmitírselo tan sólo a una media
docena de lugares en su comunidad más cercana durante los pró-
ximos seis meses, la diferencia se evidenciaría de inmediato. El
efecto dominó o la reacción en cadena que supondría, podría
crear una marea de reconocimiento y de apoyo a nuestra profesión. Para salvar nuestro arte, debemos invertir tiempo y esfuerzo
ahora mismo. Es indudable que nosotros somos los responsables
de esta tarea. Nosotros, los músicos, que amamos a nuestro arte.

Capítulo 14

La visión

Lo físico

¿Cuándo comenzó todo esto? ¿Este romance, esta historia de
amor con la música? Supongo que cada uno de nosotros tiene su
propia historia, diferente de las otras, así como diferente sería la
forma en que cada uno describiría las circunstancias de su
encuentro con una persona de la que se enamoró apasionada-
mente. Para algunos su amor por el piano tal vez fue un amor a
primera vista. Escuchaban una interpretación y algo en esa
música los dejó sin aliento, quizá con un nudo en la garganta, y
así supieron que, de ahí en adelante, de alguna manera, esta sus-
tancia plena de maravillas y misterio iba a pasar a formar parte
de los hilos que entretejían sus vidas. O, quizá sucedió gradualmente, un poco como cuando se llega a la certeza de que aquella
persona que vive en la casa vecina, a quien hemos conocido
durante años, es la persona con quien queremos pasar el resto de

nuestra vida. O, quizá fue una certeza que se fue construyendo como resultado de una suave presión, meses de estudio y de trabajo agradable, llegándose a la conclusión de que la vida no merecía la pena si no se le dedicaba, por lo menos, una parte de las horas de vigilia. Independientemente del cómo, uno tiene la certeza de que la música estará presente siempre a lo largo de nuestra vida.

A veces, la vida misma nos obligará a detener nuestro trabajo musical temerariamente. Otras cosas interfieren, pero siempre existirá en nosotros ese sutil impulso de regresar a ella. Y, una vez que nos hayamos ocupado de todos los asuntos que interferían, volveremos a este primer amor, sin abandonar nunca el deseo de estar lo más cerca posible del arte. Los años pasan, y la música y la vida siempre caminan juntas, a veces más, a veces menos, y cuando todo se acaba, es muy factible que aquellos que de algún modo piensen en nosotros, recordarán a una persona cuyo amor a la música sostenía y guiaba su vida. Una persona que siempre se dedicó a su arte y que a veces fue capaz de ofrecerle a los otros la belleza de la música y el placer de disfrutarla. Hay un famoso dicho atribuido a Rachmaninoff, pero ninguno es tan conocido y tan universal como el que sin duda se le atribuye a media docena de autores: «La música es más que suficiente para abarcar una vida, pero una vida no es suficiente para abarcar la música...»

Existen cuatro aspectos de una vida dedicada a la música que consideraremos: el corporal, el intelectual, el emocional y el espiritual. Por supuesto que los cuatro operan simultáneamente, desde el momento mismo en que conocemos la música por primera vez, aun si en nuestra mente, tienen distinta relevancia. Pero, es necesario señalar el hecho de que el orden en que están señalados corresponde al orden en que toman singular importancia durante nuestro desarrollo musical.

El aspecto corporal es el primero en aparecer. Durante nuestros primeros años el aspecto corporal tiene una manera de manifestarse que nunca más se repetirá. Con esto no debe entenderse que en estas épocas, las respuestas emocionales y mentales no sean operativas. Está claro que nuestra motricidad viene dirigida por una fuerza mental, responsable de la capacidad para ponernos en movimiento y que nuestra respuesta emocional puede haber sido, en principio, la clave para despertar nuestro amor a la música. Pero durante esos primeros años, al comenzar nuestros estudios, el cuerpo cobra una singular importancia. Debemos aprender la posición de las manos, a colocar la voz, a sostener un arco o la forma de usar una boquilla. Por tanto, el control físico o corporal, se convertirá en asunto de primer orden durante el proceso de aprendizaje. Por supuesto que los buenos maestros hacen que tomemos clara conciencia del hecho de que ese control es tan solo el medio para llegar a un fin y, en cierto modo, así es como aprendemos a valorarlo. No obstante, dirigimos gran parte de nuestra atención a lograr los distintos aspectos del perfeccionamiento físico. En esta andadura, nuestro anhelo va a la búsqueda de la concreción de ese cierto tipo de satisfacción juvenil que procura la alegría y el placer del hacer mismo o de constatar que realmente podemos hacer la tarea.

Recordemos cuánto amábamos durante la niñez el solo hecho de ser capaces de hacer algo, sólo el placer de hacer o de ver que podíamos caminar por lo alto de un muro de piedra, dar volteretas o alcanzar un objeto que estaba en la estantería más elevada. Podía ser cualquier cosa, pero lo que nos satisfacía era el solo hecho de probarnos capaces de realizarlo. Con frecuencia encontramos esa misma actitud en el campo de las actividades musicales. Un joven puede trasladar ese intenso deseo de vencer dificultades que se expresa con un: «¡A ver si puedo hacerlo!» Encontrarnos con este tipo de conductas es una fuente de alegría. En estos primeros años, es muy posible que, dado un conjunto de respuestas corporales unido a una constitución física y tamaño normales, esta actitud psicológica sea, más que cualquier otro factor, la que tenga mayor incidencia en el desarrollo de una técnica de primera línea. Los jóvenes que a lo largo de su adolescencia continúan cantando o interpretando un instrumento, son aquellos en cuya historia surge esa enorme satisfacción psicológica frente a la situación de plantearse la manera de vencer dificultades en el terreno de la capacidad física. Tratar de alcanzar una nota alta, tocar un pasaje difícil, lograr interpretar con un tiempo determinado. Lo mencionas, y están ansiosos de intentarlo. Y ni siquiera el fracaso afecta a su entusiasmo, sino que es un elemento que actúa como un acicate para otro intento o muchos más intentos sucesivos.

Tal vez no deje de ser lamentable que tengamos que vivir en una época que tiende a mirar con cierta condescendencia las proezas físicas que se realizan en el ámbito de nuestro arte. Las interpretaciones de los virtuosos gozan de una larga tradición en el mundo musical. El siglo xix fue testigo del auge del virtuosismo pianístico. Quizá hubo, en un principio, un cierto grado de exageración provocado por el entusiasmo que despertara haber alcanzado la superación de todos los problemas técnicos que debía vencer el virtuoso para tocar el piano con naturalidad. Como resultado, el péndulo se alejó drásticamente de la admiración del virtuosismo.

En el siglo xx, uno escucha a menudo opiniones que expresan un criterio indicador de que el virtuosismo por el virtuosismo mismo no tiene sentido alguno. Quizá deberíamos volver a examinar esta amplia opinión aceptada. Hay un tiempo y un lugar para todo, y es muy natural e incluso deseable como parte del proceso de aprendizaje, que estemos dispuestos a hacer todo lo posible y arbitrar los medios necesarios para conseguir un nivel de virtuosismo a toda costa. De hecho, es muy posible que si se *carece* de este impulso que surge del deseo de superación, nunca seamos capaces de ampliar los límites de las posibilidades técnicas, y si esos límites no se amplían, uno puede terminar tocando correctamente, pero jamás alcanzará el dominio perfecto de la técnica. Tal como existe una etapa de crecimiento del cuerpo en sí, todo parece indicar que existe un periodo de nuestro desarrollo que está dedicado primordialmente a hacer esta actividad de dominio de los aspectos corporales. Y en esas épocas, el hecho de preocuparse por alcanzar un nivel de virtuosismo no sólo puede ser estimulante, sino que supone tomar exactamente la actitud correcta. Una actitud correcta tanto desde el punto de vista del desarrollo de los necesarios aspectos físicos, como en el de proveer en esta etapa un elemento importante para establecer una buena comunicación. Como maestros y como músicos, podríamos incluso aplaudir –hasta un cierto punto– este deseo ferviente de alcanzar el virtuosismo. Eso no significa que con la madurez, no aparezcan otras cualidades que asuman el papel dominante y reemplacen la pasión por el virtuosismo. Esperamos tal cambio con el proceso normal de madurez, pero frente a esa explosión de energía juvenil, podríamos también compartirla, disfrutar del espectáculo y alentar a nuestros jóvenes para que consigan los laureles en premio a este tipo de heroísmo. Es muy probable que nunca más en su vida este reto vuelva a ser tan importante para ellos como en este momento juvenil.

Lo intelectual

Entretanto, el proceso intelectual habrá comenzado a hacer su camino a partir de las primeras percepciones de la música. El peso que lo intelectual tendrá dentro del equilibrio de todos los factores en juego que depende, en parte, del temperamento del individuo y de la medida de su interés y deseo de perseguir un saber musical. Nuestra época ha dado gran énfasis al aspecto intelectual de las actividades musicales, en parte por su importancia dentro del desarrollo tecnológico característico de nuestro tiempo. Luego, hay que añadir la reacción que, hacia esa emocionalidad excesiva, se produjera en ciertos ambientes entre fines del siglo XIX y la primera década del XX. Pero por encima de todo, lo intelectual se pondera en particular pues es un subproducto del desarrollo de la musicología y del respeto creciente con el que aceptamos la investigación histórica. Evidentemente, la tecnología de la comunicación y la investigación histórica se han desarrollado conjuntamente.

Para nosotros es penoso imaginar una época en la que los músicos sólo conocían parcialmente lo que sucedía en el resto del mundo a su alrededor y poco sabían acerca de las obras realizadas en los siglos anteriores. Sin embargo, la mayor parte de los gigantes de los siglos XVIII y XIX, vivieron y trabajaron dentro de este estado de cosas.

Hoy en día, la comunicación, la tecnología y la investigación se han combinado para producir una ingente cantidad de información, tanta, que llegamos a sentirnos inundados. Por ejemplo, algunos compositores se han interrogado sobre el problema de si existe o no demasiada información acerca del pasado o de las actividades de los que nos rodean. Esta inquietud no surge como medio de defender una posición favorable al aislamiento cultural. Son obvias las ventajas de acceder correctamente a una información sobre el pasado y el presente. Como contrapartida, recibir constantemente una información sobre ese pasado y ese presente crea la posibilidad concreta de la evasión. Esto es, nos evadimos dedicando nuestro tiempo a asimilar información, en lugar de luchar a brazo partido con nosotros mismos para comprender y tomar conciencia de lo que tenemos que decir y expresar, enfrentándonos con nuestras propias dificultades y venciéndolas. Aquí, se trata de determinar si estamos recreando o creando. En un momento dado, es necesario serenarse y, durante un tiempo, detener esta asimilación de conocimientos. Todo este cúmulo de saber adquirido debe cuestionarse y evaluarse, para dejarlo luego en reposo, de modo que pueda producir la fermentación necesaria que genere en nosotros una respuesta interior. No quiere esto negar la evidencia de que, en algún momento de nuestro desarrollo general como músicos, la búsqueda del conocimiento es primordial. Este es un periodo que suele desarrollarse durante los años universitarios. Es en esta época maravillosa cuando sentimos que si pudiéramos acceder a suficiente información objetiva, si pudiésemos comprender a fondo tanto sobre el compositor, el periodo histórico, las influencias a las que él estuvo sujeto cuando escribió una obra, como sobre las prácticas interpretativas, seríamos capaces de lograr la interpretación «perfecta». Es también en esta época el momento en que tenemos poca paciencia frente a cualquier intérprete que no coincida con nuestra concepción de la perfección. Es en esta época cuando el tipo de interpretación y de canto que veneradas y juzgadas como de la mejor calidad cincuenta o sesenta años atrás, puede parecer anticuada

La interpretación perfecta se concibe como el «ideal» que el compositor imaginó cuando estaba escribiendo la obra. Este concepto de «interpretación ideal» que debemos tratar de recrear es un objetivo que nos puede ser de gran utilidad. Pero la validez de semejante Grial puede bien ponerse en entredicho desde un punto de vista lógico. Interrogarnos sobre la cuestión puede ser esclarecedor. ¿En el momento de su fervor creativo, el compositor escucha o no, su obra de una sola manera? ¿Existe la posibilidad de que en realidad, el compositor escuche su obra de una manera un día y de un modo algo distinto al día siguiente? ¿Tenemos la tendencia a ser fluctuantes cuando trabajamos con la música? Quizá cada una de esas formas es aceptable en su momento, según sean los estados emocionales y de percepción interna. El concepto de la interpretación ideal nos ofrece un elemento muy útil, tanto como objetivo, como por anhelo, y eso está muy bien. Pero, aspirar a un objetivo ideal también puede bloquearnos y detener el flujo de una cierta espontaneidad que otorgaría vitalidad y proyección a la interpretación.

Por tanto, hace falta, de alguna manera, recordar que no debemos dejar que las indudables virtudes del enfoque intelectual nos atrapen completamente. Necesitamos la información para utilizarla, pero no para que nos paralice. Necesitamos pensar, pero como alimento para la reflexión y no necesariamente para definir los límites de nuestra capacidad de imaginación

Lo emocional

Volvamos ahora a la tercera categoría que nos interesa: la emocional. Tal vez parezca extraño que este aspecto sea considerado *después* de lo intelectual. ¿Acaso la respuesta emocional no es la que primero percibimos? Sea en el amor, en el arte, en un estado de irritación o en cualquier otro, no hay duda de que la emoción nos atrapa cargando nuestras reacciones y, *entonces*, a continuación, tratamos de comprender el todo y de reconciliar la emoción con las elucubraciones lógicas de nuestra mente. Cierto es, que la respuesta emocional ofrece un tipo de medida instantánea de nuestra reacción frente a un estímulo dado. Pero algunos filósofos afirman que esta respuesta es, sencillamente, una suerte de «sonda de relámpagos» que da lugar a impulsos poderosos de reacción a unos valores que ya existen en niveles interiores muy profundos y que nuestra mente ha percibido. Irónicamente, parecería ser que cuando sostenemos una discusión intelectual echamos mano de la intuición y, hoy en día, que se pone de relieve la respuesta emocional, comenzamos a comprender la importancia de los valores que la mente percibe y que tienen profundo arraigo en nuestro inconsciente. Esta paradoja es importante para que comprendamos, si en realidad, vamos a basar nuestro máximo valor en el trabajo intelectual de preparación que vamos a emprender. La visión de la respuesta emocional como antítesis de la percepción intelectual implica dividirse en dos partes contrarias, es como la batalla de uno mismo contra sí mismo. Y al mismo tiempo, sólo si estamos muy seguros de los valores que hemos escogió, podremos liberar las emociones reprimidas, soltándonos sin miedo de alejarnos demasiado o de perdernos. Un buen ejemplo de esta relación puede observarse analizando los modelos de desarrollo de aquellos músicos occidentales que investigaron sobre la música de otras culturas ajenas a la suya. Pocos occidentales sienten que pueden responder emocionalmente a los sistemas musicales extraños a su cultura. Uno escucha —uno aprende un poco de teoría de la música japonesa o india— uno incluso la percibe y la disfruta, pero es un tipo de música que rara vez nos llega, emocionalmente de la misma manera que nos llega digamos, una sonata de Beethoven, una balada de Chopin o un ciclo de *lied* de Schubert.

Por ejemplo, supongamos que usted tiene un contacto previo con la música japonesa. Durante un cierto periodo de tiempo surgen oportunidades de escucharla varias veces. Escucha los sonidos que surgen y por tanto, los percibe intelectualmente, pero no los vincula con *valores* particulares, valores de naturaleza filosófica asimilados a dichos sonidos y es bastante improbable que la experiencia provoque en usted una reacción emocional fuerte. Unos años más tarde, tiene la oportunidad de viajar a Japón. Pasa allí un periodo de tiempo suficiente como para sentir una genuina curiosidad por la cultura japonesa. Durante los meses siguientes, sin relacionar esto en modo alguno con su previa experiencia de escucha de la música japonesa, lee acerca de la historia y la cultura del Japón. Llega a apreciar el valor de los ikebanas. Comienza a percibir, aunque a veces no lo comprende en su totalidad, las estructuras religiosas de esta cultura. Se apasiona por las pantallas Sohji. Un buen día se da la casualidad de que asiste a un concierto de koto (cítara de trece cuerdas). Es muy posible que ahí sí, experimente una reacción emocional frente a la música, una reacción sin precedentes y completamente inesperada. Lo que ha sucedido, por supuesto, es que los valores –valores filosóficos, religiosos y culturales que usted asimiló durante un cierto periodo de tiempo– se han organizado en su interior logrando un reconocimiento del sentido de esa música, desde un punto de vista emocional. Estará escuchando las mismas escalas, los mismos tipos de modelos que ya se le explicaron con anterioridad y que ya ha escuchado. Pero ahora, ya no necesita siquiera el apoyo del conocimiento intelectual, porque está escuchando la carga emocional que comunican aquellos sonidos y respondiendo directamente a ella.

Esta analogía es muy útil por su relación de cercanía con la definición de la reacción emocional hacia nuestra propia música, tal como tiene lugar en nosotros, a medida que trabajamos durante años. Una reacción emocional que expresamos de diferentes maneras. Decimos que una obra es «profunda», que cada vez que la escuchamos advertimos algo nuevo en ella, incluso la asociamos con situaciones o hechos ajenos al mundo musical. Todo esto es real y verdadero. Pero, probablemente, lo más verdadero de todo sea que la música, al componerse, se creó a partir de ciertos valores filosóficos de la vida y que a ellos está vinculada. Además, el hecho de haber vivido lo suficiente crea las condiciones para la música nos hable de estos valores y que lo percibamos. Nosotros mismo hemos tenido que crecer para poder ser capaces de escuchar el mensaje. Y cuando lo escuchamos, en nosotros surgen emociones conmovedoras, dramáticas, de una hondura que nunca habíamos experimentado, emociones que dan un profundo significado emocional a esta música. Tal estado de madurez es el que lleva a los músicos a hablar de la

música de un gran compositor, por ejemplo Beethoven, como
música que cobra sentido en los años de nuestra madurez, un
sentido que antes no lo tuvo. Tal música es terriblemente personal y a su vez, llega a esa parte de nosotros que compartimos con
toda vida y todo ser viviente. Habla directamente a aquel rincón
de nuestro ser que ha aprendido a identificarse con el sentido
primordial de la vida.

Lo espiritual

Tratar de explicar con palabras el cuarto aspecto, esto es, nuestra
relación espiritual con la música, supone una ardua y difícil
tarea. Difícil, primero, porque las palabras son finitas y el tema
que tocamos, lo espiritual, es infinito. Pero también difícil en un
sentido diferente porque el interés por cualquier tipo de discusión sobre lo espiritual en la época que vivimos, como en la
mayoría de las épocas del pasado, tiene sólo un interés limitado.
Una multitud de hombres y de mujeres van y vienen y nunca
abordan el problema de los *valores* espirituales. Esto no significa
que valores tales se ignoren o se rechacen completamente. De
hecho, cada uno de nosotros en uno o más momentos de su vida,
llega a un punto donde decide ir a la búsqueda de estos evasivas
metas. Pero luego, estos puntos críticos pasan. La vida consigue
llevarnos de vuelta a un equilibrio estable y nos empuja hacia
delante por medio de la presión de la lucha cotidiana. Para
muchos, esta búsqueda queda postergada en medio del ajetreo
de la vida. Claro que todos tenemos una sana curiosidad acerca
del futuro, de nuestra suerte o de nuestros signos astrológicos.
Todos nos preguntamos si el destino no creará la oportunidad
para conocer aquel atractivo extranjero. A todos nos gusta saber
que hoy es un día especialmente afortunado para hacer una tran-
sacción de negocios. Son todos temas que entusiasman y tal vez

divertidos, pero poca relación guardan con los verdaderos valores espirituales. En el fondo, hay algo que insiste y que sigue recordándonos que los vivos deseos que tuvimos en aquel punto crítico de nuestra vida y también en los juegos de azar en los que participamos, revelan o presagian una realidad más profunda y misteriosa. No obstante, el contacto con esa realidad no es fácil.

Una multitud de hombres y de mujeres han dado testimonio a lo largo de la historia de nuestra civilización, de la existencia del conocimiento de los valores espirituales, un conocimiento cuyas implicaciones son indicativas de una dura batalla. Para comenzar, se trata de valores muy evasivos. Se resisten al enfrentamiento directo y sólo se perciben oblicuamente. Y aunque pueden desarrollarse y se puede trabajar para alcanzarlos, tal actividad requiere una paciencia infinita y un gran dominio de sí mismo. La comprensión de los hechos tiende a ser esporádica y fugaz, mientras que la búsqueda tiende a ser larga y constante, muchas veces incluso desoladora, estéril y tediosa. Los grandes líderes espirituales de casi todas las religiones hablan del tedio, de la desolación, de la noche oscura del alma. Hablan incluso de dolor y sufrimiento. Hablan del hecho de que la búsqueda deba convertirse en algo que consume tanto, que ningún dolor o sufrimiento importan. Tal añoranza y anhelo aportan en su andadura una humildad total, una sumisión, una pérdida de la vida tal y como la vivimos. Entonces, en ese momento, en ese instante fugaz del segundo, en la sima del abismo, de alguna manera totalmente misteriosa aparece una brecha, un punto de penetración y una vez que sucede, uno nunca sabrá con seguridad porqué o cómo sucedió. De hecho, no somos capaces ni podemos repetir ese instante por simple voluntad, sino sólo regresar a la añoranza y al trabajo y a la esperanza de que algún día volverá a ser una realidad. Sobre estas cosas versaba Pablo de Tarso cuando hablaba de ver a través de un vidrio oscuro.

La visión   203

De hecho, todo esto puede suceder y sucede, aunque raras
veces, en el contexto de nuestras vidas musicales. Tal vez me
salga un concierto. Por lo general se trata de un músico que ha
seguido, sin rendirse, su propia búsqueda espiritual. Y puesto
que estas cosas nunca pueden planificarse, un artista –que de
repente y sin esperarlo hace un concierto tan respetuosamente
como posible, con tanta emoción y entendimiento como sea posible– de alguna manera, durante el desarrollo de su concierto
llega a unir una totalidad cuyo significado es mucho mayor que
la suma de los elementos que la componen. Cuándo o cómo sucede pierde toda importancia. Uno sólo sabe que hay un tipo de
comunicación que trasciende toda forma de descripción normal.
Uno se conmueve tan profundamente, que no siente nada, excepto un hondo sentimiento de serenidad. Uno sólo sabe que está
atrapado en algo tan raro y tan especial, algo que podrá sentir y
transmitir sólo pocas veces en toda su vida. Un sentido de lo
maravilloso y aunque el desprendimiento forma parte de ese
estado indescriptible que consume a todos los que están presentes, los que participan. Y entonces, termina... Y cuando termina,
el aplauso o la ostentación se convierten en una vulgaridad inso-
portable. Sólo queremos irnos en medio de un silencio modesto y
tratar de conservar aún el más pequeño destello de la calidez del
fuego de esa experiencia tan increíble.
    Los santos alcanzan este estado de trascendencia por medio
de la contemplación y la plegaria. Pero para nosotros, los músicos, el único medio que puede arbitrar que este estado se produzca es definitivamente, entrar en la música misma, ser uno con
la música. De este tipo de experiencia, verdaderamente muy
rara, surge la certeza de que de alguna manera, hemos sido ben-
decidos en abundancia, que nuestro arte es algo más que un
medio de distracción, o de desarrollo personal, o aún un medio
de comunicación de valores intelectuales o emocionales. Sabemos que, sin duda, nuestro arte está vinculado con tanta fuerza a

las raíces del misterio universal, que en ocasiones puede ponernos en contacto directo con las fuerzas de la creación, el más elevado nivel de cualquier orden que se produzca en el Universo.

Aquello que esta experiencia *es*, está tan dentro de los hilos
mismos de la trama de nuestro arte, que para nosotros, los dos se
convierten, en un instante, en algo inseparable. En una forma
mística nuestra vida es una con la música y la música una con
nuestra vida.

Taller de música

CÓMO VIVIR SIN DOLOR SI ERES MÚSICO
Ana Velázquez

Los músicos están expuestos –más que la mayoría de las profesiones– a lesiones musculares y articulares debido a la repetición de sus movimientos. La mejor manera de prevenirlas es enseñando desde los comienzos la más óptima colocación del instrumento y evitar las alteraciones en el sistema postural.

Este libro ofrece los recursos necesarios en cada tipo de instrumento para mejorar la postura interpretativa y evitar lesiones que mermen el trabajo de un músico. Tiene como finalidad optimizar el rendimiento y calidad artística del músico ya que ofrece recursos para mejorar la postura interpretativa y en consecuencia la relación que cada músico tiene con su instrumento.

TÉCNICA ALEXANDER PARA MÚSICOS
Rafael García

La técnica Alexander es cambio. Un cambio de conducta que implica una visión más amplia de la música y del intérprete. La atención no se centra exclusivamente en los resultados, sino también en mejorar y cuidar todas aquellas áreas que conducen a una experiencia musical más satisfactoria.
Aprender a ver más allá del atril, levantarse de vez en cuando de la silla para tomar aire y reemprender la tarea con energía renovada, representa una medida saludable para el músico.
La técnica Alexander toma de la mano tanto las necesidades artísticas del intérprete, como los pilares del funcionamiento corporal que promueven en él una postura sana y movimientos libres. El resultado es beneficioso para ambos. La faceta artística del músico se amplía enormemente al reducir el número de interferencias en la interpretación, y a su vez, el bienestar corporal alcanzado lleva a una experiencia de mayor satisfacción.

MUSICOTERAPIA
Gabriel Pereyra

Este libro ofrece un viaje por el mundo del sonido y del ritmo.
A lo largo de sus páginas irán apareciendo un sinfín de posibilidades inexploradas que puede otorgar el poder de la música, acompañadas de diversos ejemplos para mejorar el nivel de relajación o aumentar la concentración, y otros para combatir el estrés o aliviar el dolor.
Gracias a los ejercicios planteados, el lector podrá desarrollar su musicalidad y alcanzar el equilibrio en la vida cotidiana, agudizando los sentidos, y mejorando su salud física y mental.

- La influencia de la música sobre el cuerpo humano.
- Los cuatro tipos de oyentes.
- El efecto Mozart.

Taller de música

CÓMO POTENCIAR LA INTELIGENCIA DE LOS NIÑOS CON LA MÚSICA

Joan M. Martí

La música estimula las capacidades de ambos hemisferios en el cerebro, potenciando globalmente las habilidades de los niños a través del aprendizaje musical. Es, por tanto, una herramienta transversal para el aprendizaje de todo tipo de materias.

Está demostrado que hay una relación directa entre una temprana educación musical y el crecimiento cognitivo de materias como las matemáticas, los idiomas o las ciencias naturales. La inteligencia musical puede manifestarse desde muy temprano, tan sólo es necesario que padres y educadores apoyen el interés musical de los niños de una manera cálida, afectuosa y amable. Este libro ofrece una serie de recursos prácticos para desarrollar en el aula o en casa con el fin de mejorar la educación de los niños en cualquier ámbito.

SER MÚSICO Y DISFRUTAR DE LA VIDA

Joan M. Martí

La música expresa sentimientos, circunstancias, pensamientos o ideas. El arte de las musas es un noble estímulo que hace que la gente baile, cante, escuche con atención o se emocione profundamente. Quien se encarga de transmitir todas estas sensaciones es el músico y este libro trata sobre todo aquello que envuelve su vida: su relación con el profesor, con su familia, con su pareja y también con su instrumento.

¿Cómo vive una actuación un músico? ¿Disfruta, se agobia, la padece? ¿Qué actitud debe tener un músico con sus maestros? ¿Cómo es la relación con su pareja? ¿Qué significa ser músico en nuestra sociedad?

Taller de teatro/música

EL MIEDO ESCÉNICO

Anna Cester

Muchos cantantes, bailarines, actores, músicos… ya sean amateurs, estudiantes o grandes intérpretes afirman que la ansiedad escénica les afecta negativamente, disminuyendo su rendimiento y la calidad de su actuación. Es un hecho evidente que el trac no es selectivo, nos afecta a todos en mayor o menor intensidad.

El objetivo principal de este libro es ofrecer al lector conocimientos y habilidades en la preparación para actuar ante público, así como recursos para afrontar la ansiedad escénica sin que ésta interfiera en su buena interpretación